新型实用财经系列读本

企业内部控制简明教程

李 敏 主编

立信会计出版社
LIXIN ACCOUNTING PUBLISHING HOUSE

图书在版编目(CIP)数据

企业内部控制简明教程/李敏主编. —上海:立信会计出版社,2009.8
(新型实用财经系列读本)
ISBN 978-7-5429-2320-2

Ⅰ.企… Ⅱ.李… Ⅲ.企业管理—教材 Ⅳ.F270

中国版本图书馆 CIP 数据核字(2009)第 126674 号

责任编辑　　蔡莉萍
封面设计　　周崇文

企业内部控制简明教程

出版发行	立信会计出版社
地　　址	上海市中山西路 2230 号　　邮政编码　200235
电　　话	(021)64411389　　传　真　(021)64411325
网　　址	www.lixinaph.com　　电子邮箱　lxaph@sh163.net
网上书店	www.shlx.net　　电　话　(021)64411071
经　　销	各地新华书店
印　　刷	常熟市梅李印刷有限公司
开　　本	890 毫米×1240 毫米　　1/32
印　　张	7.25
字　　数	208 千字
版　　次	2009 年 8 月第 1 版
印　　次	2016 年 7 月第 4 次
印　　数	7 201—8 300
书　　号	ISBN 978-7-5429-2320-2/F
定　　价	21.00 元

如有印订差错,请与本社联系调换

编 写 说 明

在市场经济中,风险不但不可避免,而且会不期而遇。失控导致失败,是企业管理所面临的最大风险。尤其在美国次贷危机引发的全球性金融海啸中,这种风险更加引人注目。随着内部控制经历了内部牵制制度、内部控制制度(制度二分法)、内部控制结构(结构三分法)、内部控制框架(要素五分法)、风险管理与内部控制(要素八分法)等阶段,人们越来越清楚地认识到:市场经济越发展,企业内部控制越重要。

为了加强和规范企业内部控制,提高企业经营管理水平和风险防范能力,促进企业可持续发展,维护社会主义市场经济秩序和社会公众利益,2008年6月28日,财政部、证监会、审计署、银监会、保监会联合发布了《企业内部控制基本规范》(下称《基本规范》),《基本规范》自2009年7月1日起先在上市公司范围内施行,并鼓励非上市的其他大、中型企业执行,其他企业参照实行。为配合《基本规范》的施行,财政部会同国务院有关部门发布了《企业内部控制应用指引》(下称《应用指引》)、《企业内部控制评价指引》(下称《评价指引》)和《企业内部控制审计指引》(下称《审计指引》)。以上几个新的文件给我国企业内部控制理论与实践带来了新的管理理念,产生了新的法律规范,提出了新的控制要求,构建起了具有中国特色的企业内部控制法规体系,是指导我国各类企业加强企业内部控制的纲领性文件和行为指南。

人之体检防疾病,企业体检防风险。企业应当及早发现"健康指标"不达标的情况和已经存在的各种风险,这是内部控制的上上策。定期对风险进行辨别、分析和评价,尤其是对重大风险做到早发现、早治疗,可以避免"病情恶化",避免造成"下医治已病"的后果。对未来可能发生的风险未雨绸缪,防患于未然,就是"上医治未病"。风险管理是

"健康俱乐部",危机管理是"癌症俱乐部";企业应当自觉走进"健康俱乐部",而不要等到大难临头被送进"癌症俱乐部"。

  本教程以《基本规范》为一条主线统领全书、并与《应用指引》、《评价指引》、《审计指引》三个配套文件相结合来编排教学内容,详尽介绍了内部环境、风险评估、控制活动、信息与沟通和内部监督五大企业内部控制的基本要素,重点阐述了不相容职务分离控制、授权审批控制、会计系统控制、财产保护控制、预算控制、营运分析控制和绩效考评控制七大控制措施的基本理论与操作要点。作者在编写过程中十分注重理论联系案例分析,规范指导应用操作,尤其是集中凸显了《基本规范》中的新思维、新内容与新变化。全书讲解重点,理清要点,解析难点,结构清楚,层次分明,语言流畅,图文并茂,方便自学,实务操作性和可读性很强。

  本教程由高级会计师、主任注册会计师李敏主编,李嘉毅、徐成芳、沈玉妹、李英协助有关编写工作。由于作者水平有限,疏漏之处,敬请读者提出宝贵意见,以便日后修改补正。

编 者
2011年7月

目 录

第一讲 内部控制概论 ·· 1
  一、内部控制认知演变 ···································· 1
  二、内部控制发展阶段 ···································· 12
  三、内部控制具体分类 ···································· 23
  四、内部控制重大意义 ···································· 28

第二讲 企业内部控制基本规范 ································ 36
  一、企业内部控制基本理念 ································ 36
  二、企业内部控制重大突破 ································ 38
  三、企业内部控制基本原则 ································ 40
  四、企业内部控制基本要素 ································ 42
  五、企业内部控制实施要求 ································ 45

第三讲 企业内部控制构成要素 ································ 53
  一、内部环境 ·· 53
  二、风险评估 ·· 63
  三、控制活动 ·· 82
  四、信息与沟通 ·· 91
  五、内部监督 ·· 97

第四讲 企业内部控制基本措施 ································ 104
  一、不相容职务分离控制 ·································· 104
  二、授权审批控制 ·· 107

三、会计系统控制 …………………………………………… 112
四、财产保护控制 …………………………………………… 120
五、预算控制 ………………………………………………… 125
六、运营分析控制 …………………………………………… 132
七、绩效考评控制 …………………………………………… 148

第五讲　企业内部控制应用指引 ………………………… 165
一、企业内部控制环境类应用指引 ………………………… 165
二、企业内部控制活动类应用指引 ………………………… 171
三、企业内部控制手段类应用指引 ………………………… 183

第六讲　企业内部控制评价指引 ………………………… 191
一、企业内部控制评价概述 ………………………………… 191
二、企业内部控制评价要点 ………………………………… 193

第七讲　企业内部控制审计指引 ………………………… 202
一、企业内部控制审计概述 ………………………………… 202
二、企业内部控制审计要点 ………………………………… 203

附录：企业内部控制基本规范 ……………………………… 214

第一讲　内部控制概论

一、内部控制认知演变

(一) 企业内部控制的国际视野

从古到今,控制都是根源于人类社会生活中内在管理需求而产生的一种自觉行为。没有控制的需求不会产生控制的行为。而且内部控制的产生与发展,始终是与社会生产力水平、企业经营管理方式与水平以及经营环境相关。

一般认为,近代内部控制产生于 18 世纪产业革命以后的西方发达国家,原因是科学技术的发展促进生产力和管理方式的变更。特别是 20 世纪 30 年代轰动美国的"麦克森—罗宾斯丑闻"以后,引发了人们对审计中内部控制问题的极大关注,并使内部控制的研究超出会计职能的范畴,扩大到对交易方式的全面了解。

1934 年,美国《证券交易法》就首先使用了内部会计控制,将其作为根除经济危机中虚假会计信息泛滥的根本措施之一。内部控制概念产生于对经济监控的需求。

1949 年,美国公共会计师协会(AICPA)出版了第一部审计意义上的内部控制研究专著《内部控制——协作体系的要素及其对于管理层和独立公共会计的重要性》,首次将内部控制界定为"一个企业为保护资产完整、保证会计数据的正确和可靠、提高经营效率、贯彻管理部门既定决策,所制定的政策、程序、方法和措施"。内部控制开始突破财务会计的范围,将成本、预算等内容也包括在其中。

1958 年,美国会计程序委员会发布的《独立审计人员评价内部控制的范围》中将内部控制分为内部会计控制和内部管理控制,内部控制的内涵开始扩张与延伸。

1986年,第12届国际审计会议《总声明》将内部控制释为"作为完整的财务和其他控制体系,包括组织结构、方法程序和内部审计。它是由管理者根据总体目标而建立的,目的在于帮助企业的经营活动合理化,具有经济性、效率性和效果性;保证管理决策的贯彻;维护资产和资源的安全;保证会计记录的准确和完整,并提供及时、可靠的财务和管理信息"。

1988年,AICPA发布《审计准则公告第55号》,将内部控制界定为"合理保证企业特定目标的实现而建立的各种政策和程序",在结构上由控制环境、会计制度和控制程序三个要素组成。

1992年,科索委员会发布《内部控制——整体框架》(也称《内部控制综合框架》)的报告(即著名的COSO报告),报告提出:"内部控制是由企业董事会、经理当局以及其他员工为达到财务报告的可靠性、经营活动的效率和效果、相关法律法规的遵循等三个目标而提供合理保证的过程。"同时提出,内部控制包括控制环境、风险评估、控制活动、信息与沟通、监控等五个相互联系的要素。该"三个目标"和"五个要素"组成的内部控制框架对内部控制发展影响至深。

2002年7月,美国国会通过的《萨班斯—奥克斯利法案》(Sarbanes—Oxley Act of 2002,以下简称萨班斯法案)对企业加强内部控制产生了广泛而深刻的影响。萨班斯法案对内部控制的规定主要集中在第302条和第404条。根据第302条款项的规定,上市公司的首席执行官和首席财务官要在对外披露的财务报告(一般为年报和季报)中声明对建立和维护本公司的内部控制负责;首席执行官和首席财务官要对本公司内部控制的有效性进行评估,并向外部审计师说明其存在的重大缺陷和不足。根据第404条款项的规定,上市公司应在年度报告中增加对内部控制的报告内容;该报告应当声明公司管理层对建立和维护财务报告内部控制的责任,以及管理层对公司内部控制有效性的评估意见;公司的外部审计师应当依据上市公司会计监管委员会制定的审计准则,对管理层提交的内部控制评估意见进行再评价,并出具评价报告。

2004年9月,科索委员会发布了《企业风险管理综合框架》,描述了适用于各类规模组织的企业风险管理的重要构成要素、原则与概念。该框架集中关注风险管理,为董事会与管理层如何识别风险与规避陷阱提供指南。

在全球化背景下,越来越多国家意识到,强化企业内部控制系统将有助于防止和管理风险、提高营运的效率和效果、确保财务报告的可靠性、提高企业实现战略目标的能力并维护投资者的合法权益。

控制是一种有规范、有目的、有约束的管理行为。现代企业内部控制的完善与推广有赖于现代化大生产和现代管理科学的迅速发展,更加受到投资者、经营者和管理者的重视。经济越发展,管理越重要,内部控制更重要。随着市场经济的不断发展,内部控制越来越受到全世界的广泛重视。

(二) 企业内部控制的国内发展

内部控制源远流长,中国周朝的《周礼》中就有记述古老的内控思想。为了防止掌管财物的官吏贪污舞弊,弄虚作假,古人对其实施了严密的分工牵制与相互考核等方法,以达到"一毫财富之出入,数人耳目之通焉"的目的。古今大量事实也证明,加强企业的内部控制,确实可以有效地保护财产物质的安全性,保证会计信息的真实性和完整性,保持财务活动的合法性,并有利于资产与资本的保值、增值。

内部控制是源于人类社会生活中的内在需求而产生的一种自觉行为。无论是宏观的经济管理,还是微观的企业管理,其实质都是一种有目的的控制行为。实证研究发现,企业在采购、生产、销售或财务等环节中出现的问题,几乎都与内部控制系统失控有关,而一个致力于持续稳定发展的企业必然重视内部控制与管理。在我国市场经济建设要求不断加强监管的需求之下,内部控制的观念迅速地引起了我国政府的高度重视。

30多年来,我国涉及企业内部控制制度建设的主要情况摘要如下:

1978年9月,国务院颁布了《会计人员职权条例》,提出"总会计师会签"制度。

1984年4月,财政部发布了《会计人员工作规则》,要求建立会计人员岗位责任制,提出出纳人员不相容职务分离的规范要求。

1985年1月通过的《中华人民共和国会计法》重申会计人员岗位责任制的要求。

1996年6月,财政部发布了《会计基础工作规范》,要求建立与健全包括内部牵制制度在内的会计管理制度。

1996年12月,中国注册会计师协会发布了《独立审计具体准则第9号——内部控制和审计风险》,要求注册会计师审查企业的内部控制,并对内部控制的定义、内部控制的内容(包括控制环境、会计系统和控制程序)等作出了规定。

1997年5月,中国人民银行印发了《加强金融机构内部控制的指导原则》(银发〔1997〕199号)。

1997年10月,财政部与中国人民银行共同发出了《进一步加强银行会计内部控制和管理的若干规定》。

1999年8月,中国保险监督管理委员会制定了《保险公司内部控制制度建设指导原则》,要求企业建立组织机构系统、决策系统、执行系统、监督系统、支持保障系统等控制系统;提出内部控制要素包括组织机构控制、授权经营控制、财务会计控制、资金运用控制、业务流程控制、单证和印鉴管理控制、人事和劳动管理控制、计算机系统控制、稽核监督控制以及信息反馈等。

1999年10月修订后的《中华人民共和国会计法》明确要求各单位应当建立、健全本单位内部会计监督制度。单位内部会计监督制度应当符合下列要求:① 记账人员与经济业务事项和会计事项的审批人员、经办人员、财物保管人员的职责权限应当明确,并相互分离、相互制约。② 重大对外投资、资产处置、资金调度和其他重要经济业务事项的决策和执行的相互监督、相互制约程序应当明确。③ 财产清查的范围、期限和组织程序应当明确。④ 对会计资料定期进行内部审计的办法和程序应当明确。

2000年4月，中国证监会发布了《关于加强期货经纪公司内部控制的指导原则》，指出内部控制内容包括内部机构控制、授权分责控制、岗位责任控制、风险监控、资金管理控制、会计系统控制、结算控制、计算机系统风险控制和内部稽核控制等。

2001年1月，中国证监会发布了《证券公司内部控制指引》，内容包括环境控制、业务控制、资金管理控制、会计系统控制、电子信息系统控制和内部稽核控制等。

2001年起，财政部为了促进各单位内部会计控制的建立与健全，加强内部会计监督，维护社会主义市场经济秩序，根据我国《会计法》等法律、法规，陆续颁发了《内部会计控制规范——基本规范（试行）》、《内部会计控制规范——货币资金（试行）》、《内部会计控制规范——采购与付款（试行）》、《内部会计控制规范——销售与收款（试行）》、《内部会计控制规范——工程项目（试行）》、《内部会计控制规范——担保（试行）》、《内部会计控制规范——对外投资（试行）》、《内部会计控制规范——成本费用（征求意见稿）》、《内部会计控制规范——预算（征求意见稿）》。这些规范适用于国家机关、社会团体、企业、事业单位和其他经济组织。

2001年1月，中国证监会发布了《证券公司内部控制指引》。

2001年2月，财政部发出第10号部长令《财政部门实施会计监督办法》，要求加强会计执法力度。

2001年10月，中国证监会又发出了《关于做好证券公司内部控制评审工作的通知》（证监机构〔2001〕202号）。

2002年2月，中国注册会计师协会发布了《内部控制审核指导意见》（会协〔2002〕41号）。

2002年9月，中国人民银行出台了《商业银行内部控制指引》（中国人民银行公告第19号），要求商业银行建立良好的公司治理和风险监控体系;明确内部控制的要素包括内部控制环境、风险识别与评估、内部控制措施、信息交流与反馈、监督评价与纠正五个部分,内部控制的内容涵盖组织机构、岗位分工、授权分责、稽核监控、会计控制、计算机控制等各个方面。

2002年12月,中国证监会发布了《证券投资基金管理公司企业内部控制指导意见》,首次系统地提出了基金公司内部控制的目标和要求。

2003年4月,中国内部审计协会发布的《内部审计具体准则第5号——内部控制审计》认为,内部控制是指组织内部为实现经营目标,保护资产完整,保证对国家法律、法规的遵循,提高组织营运的效率及效果而采取的各种政策和程序;内部控制包括控制环境、风险管理、控制活动、信息与沟通、监督等五个要素。

2004年2月,审计署发布实施的《审计机关内部控制测评准则》,认为内部控制由控制环境、风险评估、控制活动、信息与沟通和监督五个要素组成。

2005年1月,中国银监会制定了《商业银行内部控制评价试行办法》,要求银行对商业银行内部控制体系进行评价。

2005年2月,中国保监会制定了《保险中介机构内部控制指引(试行)》,要求保险中介机构建立全系统的风险管理系统等。

2005年5月,中国内部审计协会发布的《内部审计具体准则第16号——风险管理审计》,将风险管理作为组织内部控制的基本组成部分,内部审计人员对风险管理的审查和评价是内部控制审计的基本内容之一。

2006年1月,中国保监会制定了《寿险公司内部控制评价办法(试行)》,通过建立统一、规范的内部控制评价标准,对寿险公司内部控制体系建设、实施和运行结果进行调查、测试、分析和评估,实施分类监管。

2006年6月,上海证券交易所制定了《上海证券交易所上市公司内部控制指引》(以下简称《指引》),该《指引》于2006年7月1日开始实施。该《指引》将内控要素细分为：① 目标设定。② 内部环境。③ 风险确认。④ 风险评估。⑤ 风险管理策略选择。⑥ 控制活动。⑦ 信息沟通。⑧ 检查监督八个基本要素。

2006年6月，国资委出台的《中央企业全面风险管理指引》，要求企业围绕总体经营目标，通过在企业管理的各个环节和经营过程中执行风险管理的基本流程，培育良好的风险管理文化，建立、健全全面风险管理体系，包括建立风险管理策略、风险理财措施和风险管理的组织职能体系；建立风险管理信息系统和内部控制系统，从而为实现风险管理的总体目标提供合理保证。

2006年7月，中国证监会发布了《证券公司融资融券业务试点内部控制指引》，要求建立、健全融资、融券业务的内部控制机制，防范与融资、融券业务有关的各类风险。

2006年9月，深圳市证券交易所制定了《深圳证券交易所上市公司内部控制指引》，界定了上市公司内部控制的范围，制定了从公司治理到业务控制的一系列规则；强调了关于控股公司、关联交易、对外担保、募集资金的使用、重大投资以及信息披露等方面的内部控制要求。

2007年1月起实施的修订后的《企业财务通则(2006)》，要求企业应当建立、健全内部财务监督制度，实施内部财务控制。

2007年1月起实施的《中国注册会计师审计准则第1211号——了解被审计单位及其环境并评估重大错报风险》认为，内部控制是被审计单位为了合理保证财务报告的可靠性、经营的效率和效果以及对法律、法规的遵守，由治理层、管理层和其他人员设计和执行的政策和程序……包括下列要素：① 控制环境。② 风险评估过程。③ 信息系统与沟通。④ 控制活动。⑤ 对控制的监督。

2007年6月，银监会又重新修订了《商业银行内部控制指引》。

2007年12月，国资委关于印发《中央企业财务内部控制评价工作指引(2007年度试行)》的通知(评价函〔2007〕293号)，明确了企业财务内部控制评价工作的目的是促进企业内部建立、健全运作规范化、管理科学化、监控制度化的财务内部控制体系。企业财务内部控制评价是指通过独立的调查、测试和分析企业在一定经营期间内所采取的各项财务内部控制政策、程序和措施,评价企业财务内部控制体系的建设、实施情况以及运行的有效程度。

2007年12月,深交所发布了《中小企业板上市公司内部审计工作指引》,要求建立自查机制,由内审负责审查和评价内部控制的有效性,提出建议,由审计委员会对内控的建立和实施情况,出具年度内部控制自我评价报告。

综上所述,在我国原有的内部控制规范中,内部会计控制一直具有核心作用,是整个企业内部控制系统中一个十分重要的、不可或缺的子系统;商业银行内部控制是我国企业内部控制的重点;上市公司内部控制是我国企业内部控制的关注点;而注册会计师审计服务对加强企业内部控制具有审核与指导作用。

(三)我国企业内部控制体系的建设历程

我国政府推进企业内部控制制度体系建设的基本目标是:总结我国经验,借鉴国际惯例,有效利用国际、国内资源,充分发挥各方面积极作用,通过3~5年的努力,基本建立一套以防范风险和控制舞弊为中心、以控制标准和评价标准为主体的内部控制制度体系,以及以监管部门为主导、各单位具体实施为基础、会计师事务所等中介机构咨询服务为支撑、政府监管和社会评价相结合的内部控制实施体系,推动公司、企业和其他非营利组织完善治理结构和内部约束机制,不断提高经营管理水平和可持续发展能力。

2008年6月28日,财政部、证监会、审计署、银监会、保监会联合发布了《企业内部控制基本规范》(下称《基本规范》),首次构建了我国企业内部控制的标准框架。该基本规范自2009年7月1日起先在上市公司范围内施行,鼓励非上市的其他大中型企业执行。

2010年4月26日,财政部、证监会、审计署、银监会、保监会又发布了《企业内部控制配套指引》(下称《配套指引》),自2011年1月1日起首先在境内外同时上市的公司施行,自2012年1月1日起扩大到在上海证券交易所、深圳证券交易所主板上市的公司施行;在此基础上,择机在中小板和创业板上市公司施行。同时,鼓励非上市大中型企业提前执行。

《配套指引》由18项《企业内部控制应用指引》(下称《应用指引》)、《企业内部控制评价指引》(下称《评价指引》)和《企业内部控制审计指引》(下称《审计指引》)组成。《应用指引》主要是对企业如何按照内控原则、如何根据内控"五要素"建立、健全企业内部控制所提供的具体指引,在《配套指引》乃至整个内部控制规范体系中占居主体地位;《评价指引》是为企业董事会对本企业内部控制有效性进行自我评价提供的指引;《审计指引》是为注册会计师和会计师事务所执行内部控制审计业务提供的执业准则。三者之间既相互独立,又相互联系,形成一个有机整体。其中,《应用指引》还可以具体划分为以下三类:

(一)内部环境类应用指引

内部环境是企业实施内部控制的基础,支配着企业全体员工的内控意识,影响着全体员工实施控制活动和履行控制责任的态度、认识和行为。内部环境类应用指引包括以下五项:《企业内部控制应用指引第1号——组织架构》、《企业内部控制应用指引第2号——发展战略》、《企业内部控制应用指引第3号——人力资源》、《企业内部控制应用指引第4号——社会责任》、《企业内部控制应用指引第5号——企业文化》。

(二)控制活动类应用指引

控制活动类应用指引旨在对各项具体业务活动实施相应的控制,包括资金活动、采购业务、资产管理、销售业务、研究与开发、工程项目、担保业务、业务外包、财务报告等九个指引,具体如下:《企业内部控制应用指引第6号——资金活动》、《企业内部控制应用指引第7号——采购业务》、《企业内部控制应用指引第8号——资产管理》、《企业内部控制应用指引第9号——销售业务》、《企业内部控制应用指引第10号——研究与开发》、《企业内部控制应用指引第11号——工程项目》、《企业内部控制应用指引第12号——担保业务》、《企业内部控制应用指引第13号——业务外包》、《企业内部控制应用指引第14号——财务报告》。

(三)控制手段类应用指引

控制手段类应用指引涉及企业整体业务或管理,具体包括以下四项:《企业内部控制应用指引第15号——全面预算》、《企业内部控制应用指引第16号——合同管理》、《企业内部控制应用指引第17号——内部信息传递》、《企业内部控制应用指引第18号——信息系统》。

上述《基本规范》和《配套指引》一起共同构建了中国企业内部控制规范体系,它标志着"以防范风险和控制舞弊为中心、以控制标准和评价标准为主体"的企业内部控制建设与应用体系已经建成。在这个庞大的体系中,最基本也是最重要的是《基本规范》。《应用指引》建立在《基本规范》基础之上,《评价指引》围绕着《基本规范》和《应用指引》来展开,《审计指引》无论从企业层面还是从业务层面进行外部评价,仍然要以《基本规范》为基石。在《基本规范》中,最核心的内容是内控"五要素",即内部环境、风险评估、控制活动、信息与沟通、内部监督。抓住了内控"五要素"就是牵住了内部控制的"牛鼻子"。执行企业内部控制规范体系的企业,应当对本企业内部控制的有效性进行自我评价,披露年度自我评价报告,同时聘请会计师事务所对其内部控制的有效性进行审计,出具审计报告。政府监管部门将对相关企业执行内部控制规范体系的情况进行监督检查。从总体上看来,我国着力构建起企业、注册会计师和有关监管部门三位一体的、有效的内外部监督评价体系,确保企业内部控制规范体系的顺利实施。在三位一体中,企业是内部控制规范体系建设的主体,而内部控制自我评价和外部审计评价是我国企业内部控制规范体系建设的两大制度层面。

至此,我国已经初步建立起具有中国特色的企业内部控制体系。全新的企业内部控制体系的结构框架如图1-1所示。

上述企业内部控制体系具有鲜明的中国特色,它对企业防范风险具有"防火墙"的作用,对促进资本市场健康、稳定发展具有"安全网"的作用。总而言之,它对企业健康、安全的发展具有以下"六个一"方面的重要作用。

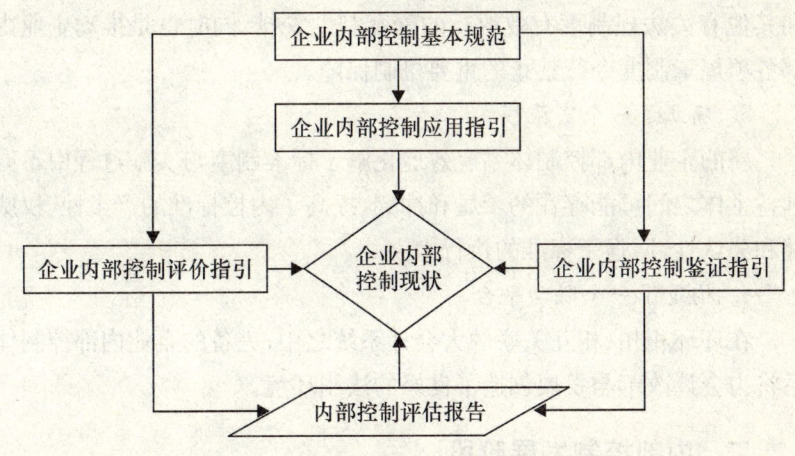

图 1-1 企业内部控制体系框架结构

1. 构建了一个标准框架

科学地构建了一套内部环境优化、风险评估科学、控制措施得当、信息沟通迅捷、监督制约有力的内部控制框架,可以有效地解决原先政出多门、要求不一、企业无所适从的问题,有利于提高内部控制的监管效益、降低监管成本;有利于优化企业管理和增强企业竞争实力,有利于保障资本安全、维护资本市场稳定。

2. 强化了一种内控理念

新的企业内部控制体系进一步强化了企业的社会责任感和风险防范意识,实现了由内部牵制、单一会计控制向全面、全员、全程的风险控制的观念转变,必将在全社会营造一种立信守诚、和谐进取、健康向上的内控文化,对深化企业改革,推进金融改革,健全现代市场体系和构建和谐社会具有重要推动作用。

3. 建立了一套内控措施

新的企业内部控制体系进一步强化了对财务报告信息和其他管理信息的约束,提高了企业资源管理与利用的安全性和有效性,为维护投资者和社会公众利益提供了有力支持。

4. 夯实了一个制度基础

新的企业内部控制体系的制定实施,既是促进企业会计准则体系和其他有关法规制度有效执行的配套制度安排,同时也是推动企业内部各项规章制度令行禁止的重要机制保障。

5. 确立了一个实施模式

新的企业内部控制体系有效地化解了标准制度与实施过程中不同利益主体之间可能存在的矛盾和冲突,提高了内控标准的严肃性、权威性和公认性,增强了标准的执行力。

6. 构筑了一个联动平台

在环环相扣、相互关联的大会计系统之中,完备的企业内部控制体系将为会计改革与发展创造了良好的法制环境。

二、内部控制发展阶段

回顾百年历史,企业内部控制的发展历程大致可以划分为内部牵制制度阶段、内部控制制度阶段(制度二分法)、内部控制结构阶段(结构三分法)、内部控制整体框架阶段(要素五分法)、风险管理与内部控制阶段(要素八分法)。其间,关于加强企业内部控制的思想认识与相应的控制行为,随着经济的发展、改革的深化、管理的加强而显得越来越重要,越来越具体,越来越有针对性。

(一) 内部牵制制度

从 20 世纪初到 20 世纪 40 年代以前,人们出于对财产行为进行控制的需要,已经形成了对内部牵制的认识。内部牵制是内部控制的重要基础。

为适应当时生产力相对落后、商品规模化生产尚不发达的状况,内部控制主要表现为对会计账目和会计工作实施岗位分离和相互牵制,使任何单一部门或个人不能独立地控制会计账目,并且使两个或两个以上的部门和人员能够对会计账目实现交叉检查或交叉控制。因此,职责分工、会计记账和人员轮换构成了早期内部牵制的三个要素。内部牵制的执行大致可以分为以下四个方面。

1. 实物牵制

把重要保险柜的钥匙交给两个以上的工作人员持有。例如,不同时使用这两把以上的钥匙,保险柜就无法打开。

2. 机械牵制

例如,保险柜的大门若不按正确程序操作就无法打开。

3. 体制牵制

把每项业务都分别由不同的人或部门去处理,以预防错误和舞弊发生,如采用双重控制措施来预防错误和舞弊的发生。

4. 簿记牵制

例如,采用复式记账法,要求借贷平衡,进行平行记账,定期将明细账与总账进行核对等。

内部牵制的三个要素与四方面内容之间的关系如图 1-2 所示。

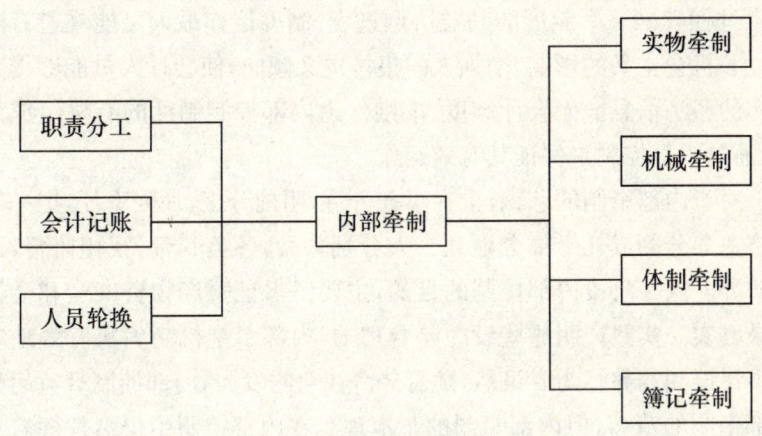

图 1-2 内部牵制要点图示

早期内部牵制是出于两点假设:一是两个或两个以上的人或部门无意识地犯同样的错误的机会很小的;二是两个或两个以上的人或部门有意识地合伙舞弊的可能性大大低于单独一个人或部门舞弊的可能性。上述第一个假设能限制人的有限理性,即可通过制度设定一系列规则减少环境的不确定性,以提高人们认识环境的能力,如会计人员定期将明细账和总账进行核对。第二个假设可以限制人的机会主义行为,加强人的集体行为倾向。内部控制作用的发挥正是通过限制人的有限理性和机会主义行为来实现的。例如,企业要买一台电脑,会计人员未必一定要看到电脑,但只有报销单据手续齐全,符合规定才可以办理付款手续,如会计人员看到单据上授权人、执行人的签名齐全,就可据以入账,因为授权人已签名说明购买事项是经过批准的,隐含着购买事项符合企业利益的判断,而两个以上的人签名齐全说明购买事项舞弊发生的可能性很小。这个经济事项的发生就符合内部牵制上的授权、执行和记录相分离的原则。

会计理论中的客观性原则指经济事项必须真实发生,而在会计实践中会计人员认定经济事项真实发生的依据是经济业务的发生符合会计制度和会计准则的规定。这就表明,客观性原则得以保证的一个前提就是制度有效。也就是说,存在一个制度有效性的假设,经济事项的发生过程就是一个制度的利益协调过程,制度运作最大可能规避有限理性和机会主义的影响,增强人的集体主义倾向,使会计人员能够得到真实的经济信息。而会计制度、准则作为内部控制制度的有机组成部分,通过内部控制来保证其有效运作。

对于内部牵制的认识,重在事务分管,明确分工,加强责任,把一笔经济业务分割成几个部分由几个人分别去做,各负其责,互相监督,以防舞弊。这一阶段内部控制的目的,主要是保证财产物资安全和会计记录真实。实践证明这些设想是合理的,内部牵制机制确实有效地减少了错误和舞弊行为。虽然,随着经济社会的发展,内部控制日益超越内部牵制的范畴,但内部牵制的基本理念在内部控制中仍然发挥着重要的作用,成为有关组织机构控制、职务分离控制的基础。

(二)内部控制制度

大约在20世纪40年代至80年代之间,对内部控制理论与方法的研究开始受到重视。

内部控制包括组织的组成结构及该组织为保护其财产安全,检查其会计资料的准确性和可靠性,提高经营效率,保证既定的管理政策得以实施而采取的所有方法和措施。

为适应这一时期商品经济快速发展,所有权与经营权进一步分离的状况,在注册会计师行业的推动下,内部控制由早期比较单一的内部牵制逐渐演变为涉及组织结构、岗位职责、人员素质、业务处理程序和内部审计等比较严密的内部控制制度体系。

在这一阶段，建立、健全内部控制制度开始上升为法律要求。1958年，美国注册会计师协会审计程序委员会发布的《审计程序公告第29号》将内部控制划分为会计控制和管理控制。

(1) 内部会计控制包括组织规划的所有方法和程序，这些方法和程序与财产安全和财物记录可靠性有直接的联系。这些控制包括授权与批准制度，从事财务记录和审核与从事经营或财产保管职务分离的控制，财产的实物控制和内部审计。因此，内部会计控制主要是针对会计记录系统和对相关的资产实施保护的控制。

(2) 内部管理控制包括组织规划的所有方法和程序，这些方法和程序主要与经营效率和贯彻管理方针有关，通常只与财务记录有间接关系。这些控制一般包括统计分析、时动研究即工作节奏研究、业绩报告、员工培训计划和质量控制。因此，内部管理控制主要是针对经济决策、交易授权和组织规划等实施的控制。

(三) 内部控制结构

20世纪80年代之后至90年代，内部控制由偏重研究具体的控制程序和方法发展成为对内部控制系统的全方位研究，其突出的变化和重要成果是日益重视对控制环境的研究。会计界与审计界对内部控制研究也逐步从一般含义向具体内容深化，"内部控制结构"开始代替"内部控制"。

内部控制结构具体包括以下三个要素。

(1) 控制环境。指反映董事会、管理者、业主和其他人员对控制的态度和行为。具体包括：管理哲学和经营作风，组织结构，董事会及审计委员会的职能，人事政策和程序，确定职权和责任的方法，管理者控制和检查工作时所用的控制方法，如经营计划、预算、预测、利润计划、责任会计和内部审计等。

(2) 会计制度。指规定各项经济业务的确认、归集、分类、分析、登记和编报方法。一个有效的会计制度包括以下内容：鉴定和登记一切合法的经济业务；对各项经济业务适当进行分类，作为编制报表的依据;计量经济业务的价值以使其货币价值能在财务报表中记录;确定经济业务发生的时间,以确保它被记录在适当的会计期间;在财务报表中恰当地表述经济业务及有关的揭示内容。

(3) 控制程序。指管理当局所制定的政策和程序,用以保证达到一定的目的。具体包括:经济业务和活动的批准权;明确各员工的职责分工;充分的凭证、账单设置和记录;资产和记录的接触控制;业务的独立审核等。

上述对内部控制结构内容的表述已正式将控制环境纳入内部控制范畴。随着管理实践的发展,人们不再将控制环境作为内部控制的外部因素来看待,而是将其视为内部控制的一个组成部分。控制环境是由企业全体职工,主要是企业的管理者所造就的,是充分有效的内部控制体系得以建立和运行的基础和保证,理应在企业的控制范围以内。同时,该表述还特别突出了会计制度及其控制,规定了各项经济业务的确认、归集、分类、分析、登记和编报的方法等。

(四) 内部控制整体框架

1985年,美国会计学会(AAA)、美国注册会计师协会(AICPA)、内部审计师协会(IIA)、财务经理人协会(FEI)和美国管理会计师协会(IMA)联合创建了美国全国"反对虚假财务报告委员会"(NCFR)。两年后,基于该委员会的建议,组织成立了美国科索委员会(简称COSO)。1992年9月,COSO委员会提交了一份举世瞩目的研究报告《内部控制整体框架》,该报告在1994年进行了增补。该研究报告提出,内部控制整体框架分别由内部环境、风险评估、控制活动、信息与沟通和监控五个相互联系、相互作用的要素组成,其与内部控制的目标、控制层面之间的关系如图1-3所示。

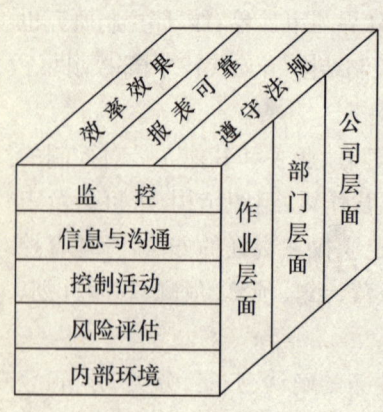

图1-3 内部控制整体框架

《内部控制整体框架》中五要素的内涵概括如下：

(1) 内部环境是影响、制约企业内部控制建立与执行的各种内部因素的总称，是实施内部控制的基础。其主要包括治理结构、组织机构设置与权责分配、企业文化、人力资源政策、内部审计机制以及反舞弊机制等内容。

(2) 风险评估是及时识别、科学分析和评价影响企业内部控制目标实现的各种不确定因素并采取应对策略的过程，是实施内部控制的重要环节。其主要包括目标设定、风险识别、风险分析和风险应对。

(3) 控制活动是根据风险评估结果、结合风险应对策略所采取的确保企业内部控制目标得以实现的方法和手段，是实施内部控制的具体方式。其主要包括职责分工控制、授权控制、审核批准控制、预算控制、财产保护控制、会计系统控制、内部报告控制、经济活动分析控制、绩效考评控制和信息技术控制等。

(4) 信息与沟通是及时、准确、完整地收集与企业经营管理相关的各种信息，并使这些信息以适当的方式在企业有关层级之间进行及时传递、有效沟通和正确应用的过程，是实施内部控制的重要条件。其主要包括信息的收集机制及在企业内部和与企业外部有关方面的沟通机制等。

(5) 监控是企业对其内部控制的健全性、合理性和有效性进行监督检查与评估，形成书面报告并作出相应处理的过程，是实施内部控制的重要保证。其主要包括对建立并执行内部控制制度的整体情况进行持续性监督检查，对内部控制的某一方面或者某些方面进行专项监督检查，以及提交相应的检查报告、提出有针对性的改进措施等。其中，企业内部控制自我评估是内部控制监督检查工作中的一项重要内容。

在本阶段中，内部控制研究的重大突破主要表现在以下三个方面：一是强调风险评估在内部控制中的重要作用；二是强调信息与沟通是强化内部控制的重要途径；三是强调对内部控制系统本身的监控是内部控制发挥作用的关键环节。

由于《内部控制——整体框架》发表后得到美国会计总署和美国证券交易委员会等的认可,其在美国乃至其他许多国家都产生了广泛影响。1996年,美国注册会计师协会发布了《审计准则公告第78号》,全面接受了COSO报告的内容。

(五)风险管理与内部控制

市场经济越发展,防范风险越重要。尤其是《内部控制——整体框架》发布以后,激发起社会各界对企业内部控制的高度重视,人们在注重防范企业经营失败的同时,也注意到大企业失控案例连连曝光,风险管理警钟长鸣不断!例如:

1994年,德国MGRM集团在美国高息筹资,投资石油期货,损失13亿美元。

1994年,美国加州橘郡财务长雪铁龙以政府名义筹资,投资票据,亏损18亿美元,导致橘郡政府破产。

1995年,里森投资日经期货指数失利,损失14亿美元,直接导致巴林银行破产。

1996年,住友商事有色金属业务部长滨中泰男违反公司规定,从事铜的非法交易长达10年,造成了18亿美元的亏损。

2001年,美国安然能源公司因虚假经营、虚构利润、隐瞒亏损而导致破产,从而引发作为世界"五大"之一的安达信会计师事务所的终结。

2002年,世界通信公司被揭露涉嫌虚报巨额利润,仅2001年到2002年第一季度,世界通信公司凭空捏造出38.52亿美元利润……

上述案例中的里森之流是如何饶开内部控制"雷达"的?难道内部控制具有的"防范"、"发现"和"纠正"功能落空了吗?还会不会有更多的里森出现?还有,股市的暴涨暴跌,经济周期的不可逆转,亚洲金融风暴还记忆犹新……还会不会有更大的风暴、更大的危机发生?!

自20世纪90年代末以来,对于内部控制与风险管理研究的标志性成果,来自于科索委员会于2004年9月发布的研究报告——《企业风险管理——整合框架》。该研究报告将内部控制上升至全面风险管理的高度来认识,这是本阶段的显著变化。基于这一认识,科索委员会提出了八要素理论,即内部环境、目标设定、事项识别、风险评估、风险应对、控制活动、信息与沟通和监控,其与内部控制的目标、控制层面之间的关系如图1-4所示。

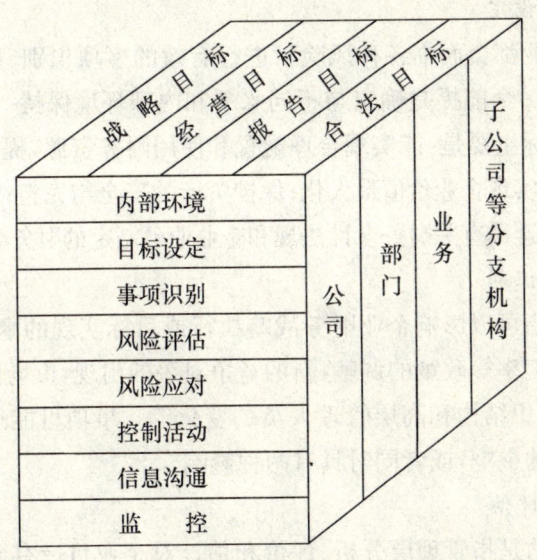

图1-4 企业风险管理与内部控制

《企业风险管理——整合框架》指出,企业风险管理的基本假设是,每一主体存在的目的是为其股东创造价值。所有主体面临不确定性,管理层的挑战便是确定在其为股东创造价值的过程中需在多大程度上接受不确定性。不确定性同时代表风险与机遇,即侵蚀或增进价值的潜在性。企业风险管理能使管理层有效地处理不确定性及与之相关的风险和机遇,增进创造价值的能力。当管理层制定战略与目标,在增长与回报目标及相关风险之间进行最佳权衡,并在追求主体目标的过程中有效率、有效益地配置资源时,价值最大化才会得以实现。

《企业风险管理——整合框架》中提出的八要素的内涵概括如下。

1. 控制环境

控制环境是指对企业财务控制的建立和实施有重大影响的各种环境因素的统称,包括企业风险管理观念与文化、诚信与价值观、员工的胜任能力、董事会或审计委员会的组成、管理哲学和经营方式、企业组织结构、企业授予权利和责任的方式以及人力资源政策和实务等。控制环境是决定财务控制目标能否实现的关键因素。

2. 目标设定

每个企业都会面临各种风险。进行有效的事项识别、风险评估及风险应对的一个前提是确定与不同水平和内部环境保持一致的目标。所设定的目标主要是：能实现合理配置和使用财务资源，提高财务资源的使用效率，实现企业价值最大化；保护资产的安全与完整；保证财务信息的可靠性；遵循有关财务会计法规和企业业已制定的财务会计政策。

3. 事项识别

事项是指可以影响企业财务战略执行或目标实现的事项，如银行信贷、利率、汇率等政策的调整，新的竞争对手的出现，市场价格水平的变化，企业组织结构和高层管理人员的变化等。事项可能形成积极的影响或消极的影响，或者同时具有两种影响。

4. 风险评估

风险评估是指管理层分析、评价和估计对企业目标有影响的内部或外部风险的过程。管理者应当从可能性和影响程度这两个角度出发，采用定性与定量相结合的方法来评估事项，并对整个企业中的事项以个别或分类的形式进行分析，指出潜在事项的有利影响和不利影响。对潜在不利事项以固有风险和剩余风险的形式进行评估。

固有风险是指在管理者没有采取任何措施改变风险发生的可能性的情况下给企业带来的风险。剩余风险是指在管理者对风险作出反应后仍残存的风险。

5. 风险应对

风险应对包括规避风险、减少风险、转移风险和接受风险。在考虑如何进行风险应对的过程中，管理者要考虑成本和效益，并在期望的风险容忍度内选择风险应对方案。

6. 控制活动

控制活动是指确保管理阶层的指令得以执行的政策及程序，如核准、授权、验证、调节、复核营业绩效、保障资产安全及职务分工等。

7. 信息与沟通

信息主要是指会计系统所提供的内部与外部信息,它是企业为汇总、分析、分类、记录、报告业务所采取的各种方法,包括文件预先编号、业务复核、定期调节等。

8. 监控

监控是指由适当的人员,在适当的时机来评估控制的设计和运作情况的过程。具体包括持续的监督活动、个别评估和报告缺陷等。

科索委员会的这份研究报告的特点就是将内部控制与风险管理相结合,并且将内部控制的目标、要素与组织层级之间形成了一个紧密相连、相互作用的用以防范风险的有机体系,促使内部控制与风险管理日益融合,从而拓展了内部控制的内涵和外延。

在内部控制过程中实施企业风险管理的真正目的主要是满足以下几个方面的内在需求。

1. 不断满足企业安全发展的内在需要

美国著名的行为科学家马斯洛认为,人的需要是由低级向高级层次发展的。其顺序是:生理需要、安全需要、社会需要、尊重需要和自我满足需要。安全需要处于低级层次,但必须首先得到满足,否则就不能激励人,也不会提出更高层次的需要。对安全的需要是人类与生俱来的。企业,是人类社会发展到一定阶段的产物,是由人组织起来的系统。只有通过管理、预防、减少或消除各种威胁职工安全的风险,满足人们的最基本需要,才能激励职工努力工作;只有安全,企业才能生存和发展。许多企业都十分重视安全,称"安全第一",这是十分明智的。但威胁人们安全的风险防不胜防。只有利用科学的方法,针对风险的特性与大小加以管理,才能真正做到"安全第一",才能真正满足职工的需要。

2. 努力实现企业自主经营的内在需求

企业是自主经营、自负盈亏的市场主体,应实行独立经济核算,以自己的收入弥补支出,取得盈利。在核算中,应高度重视因风险而造成的经济成本即风险成本。风险成本的高低将直接影响企业的盈利水平。风险成本有两种类型：一为实际发生的损失成本；二为可能发生的损失成本。实际发生的损失成本包括直接损失成本和间接损失成本。这是一种实际成本、有形成本。可能发生的损失成本，是由于人们对损失发生的主观不确定性而产生的无形成本。

3. 适应企业生存环境不断变化的要求

企业生存的内外部环境纷繁复杂，其变数可能是很大的。

自然环境的变化要求企业加强风险控制。由于人们认识自然、驾驭自然的能力有限，企业面临着不可抗拒的天灾和人祸。除此之外，企业生产过程中发生的人身伤害事故以及职业危害，也不能完全被杜绝。应该指出的是，这些自然破坏力的发生常常呈现出不规则性和不确定性，常常在人们"意料之外"发生。

经济环境的变化要求企业加强风险管理。价值规律是一只"看不见的手"，这给企业的生产和经营造成一定的风险。对企业来说，国家法规、经济政策使企业同样面临着风险。这主要表现在国家的调控政策和客观经济规律之间。主观和客观之间有时会出现不一致，因此计划不一定正确反映客观经济规律，主观不一定正确反映客观，这种因不确定性而形成的风险必然会转移到企业身上。又由于国家调控政策的变化和实施，与企业行为的发生常常存在着时间差。也就是说，即使计划是正确的，但在这段时间差内，企业行为仍有风险。再加上国家调控政策是通过税收、信贷、价格等杠杆进行间接控制的，对企业会产生约束力。

国际环境风云变幻更要求企业加强风险控制。与国内环境相比，国际环境中的风险因素可能会更多，风险隐患也可能更大，如美国次贷危机引发的金融海啸等。企业只有沉着应付各种突发的、自然的、经济的和政治的风险，才能避免巨大损失。

应当看到，我国内部控制研究始于20世纪80年代中期，由于受计划经济的影响、企业的经营主体不独立及市场风险没有得到充分释放等原因，内部控制研究并未受到足够重视。21世纪初期，随着旧体制影响的逐渐消退和市场经济发展的日渐成熟，经营风险的危害性和风险管理的必要性日益呈现,促使理论界和政府管理部门开始高度重视内部控制制度建设和内部控制管理问题。我国内部控制研究虽然在一定程度上受国外尤其是受美国对内部控制研究的影响和诱导,但是,结合中国企业尤其是成功的民营企业和合资企业的管理实际,从理论上挖掘共性,总结可以推广的东西,在如何制定内部控制规划,把公司治理与内部控制有效结合起来,加强资金控制,在中国企业实施内部控制制度等方面,取得了一定的成效。对于中国企业的内部控制实务来说,继续加强对中国企业管理实践的观察、总结,为我国今后制定独立的既融合国际经验、又体现中国本土化特征的内部控制准则以及对于未来内部控制方向的把握上,都有着深远的指导意义。

三、内部控制具体分类

(一)会计控制、管理控制与内部控制

内部控制按照对象和范围的不同,曾经分为会计控制、管理控制和内部控制,三者之间概念交叉,你中有我,我中有你。

1. 会计控制

会计控制是指单位为了提高会计信息质量,保护资产的安全、完整,确保有关法律、法规和规章制度的贯彻执行等而制定和实施的一系列控制方法、措施和程序[财政部《内部会计控制规范——基本规范(试行)》]。也就是说,会计控制的目标是指为了保护财产物资的安全性、会计信息的真实性和完整性以及财务活动的合法性所实施的有关控制活动。内部会计控制在内部控制体系中占有十分重要的核心地位,也是现代企业管理的重要内容。

按照《内部会计控制规范——基本规范(试行)》的规定,企业内部会计控制主要包括货币资金控制、实物资产控制、对外投资控制、工程项目控制、采购与付款控制、筹资控制、销售与收款控制、成本费用控制和担保控制九个方面的内容。

2. 管理控制

最初认为的内部管理控制包括组织规划的所有方法和程序,这些

方法和程序主要与经营效率和贯彻管理方针有关,通常只与财务记录有间接关系。这些控制一般包括统计分析、时动研究即工作节奏研究、业绩报告、员工培训计划和质量控制。

在内部控制制二分法中,狭义的管理控制是与会计控制并驾齐驱的控制行为,或者说,除了会计控制行为之外的其他控制行为可以称之为管理控制。广义的管理控制则将会计控制包含在内。

3. 内部控制

内部控制包括内部管理控制和内部会计控制,它是由企业董事会、监事会、经理层和全体员工实施的、旨在实现控制目标的过程。也就是说,内部控制的目标是合理保证企业经营管理合法、合规,资产安全,财务报告及相关信息真实完整,提高经营效率和效果,促进企业实现发展战略。内部控制的概念偏重于内部管理控制,从其范围来看,已经包含着会计控制。

从内部控制的概念分析,内部控制要求董事会、监事会、经理层和全体员工全面、全员和全过程的参与,其中:

董事会对股东(大)会负责,依法行使企业的经营决策权,属于出资者控制的范畴,旨在为了实现其资本保全和资本增值目标而对经营者的财务收支活动进行的控制,如对全面预算、对投资活动的控制等。

监事会对股东(大)会负责,监督企业董事、经理和其他高级管理人员依法履行职责。

经理层负责组织实施股东(大)会、董事会决议事项,主持企业的生产经营管理工作。经理层控制属于经营者控制范畴,是为了实现财务预算目标而对企业及各责任中心的财务收支活动进行的控制,是通过经营者制定财务决策目标,并促使这些目标被贯彻执行而实现的,如企控制财务收入活动,旨在达到高收入的目标;控制财务支出活动,旨在降低成本,减少支出,实现利润最大化。

日常会计控制是在经理层领导下的职能部门控制。财务会计部门为了有效地组织现金流动,通过编制现金预算、执行现金预算,对企业日常财务活动和各责任中心的现金流入和现金流出活动所进行的控制,如对各项货币资金用途的审查等。由于企业财务会计采取权责发生制核算,导致利润不等于现金净流入,所以,对现金有必要单独控制。并且,日常财务活动主要是组织现金流动的过程,现金控制就显得十分重要。应通过对现金的会计控制,力求实现现金流入流出的基本平衡,既要防止因现金短缺而造成的支付危机,也要减少因现金沉淀而增加的机会成本等。

(二) 事前控制、事中控制与事后控制

内部控制按控制的时序可以分为事前控制、事中控制与事后控制,三者之间既有联系又有区别,作用不同,可以互为补充。

1. 事前控制

事前控制也称原因控制,是指企业为防止财务资源在质和量上发生偏差,而在行为发生之前所实施的控制,如财务收支活动发生之前的内部牵制制度、授权审批制度和费用报销规定等。

2. 事中控制

事中控制也称过程控制,是指财务收支活动发生过程中所进行的控制,如按财务预算要求,监督预算的执行过程,对各项收入的去向和支出的用途进行监督,对产品生产过程中发生的成本进行限额约束等。

3. 事后控制

事后控制也称结果控制,是指对财务收支活动的结果所进行的考核及相应的奖罚,如按财务预算的要求,对各责任中心的财务收支结果进行评价并依此实施奖罚,在产品成本形成之后进行综合分析与考核,以确定各责任中心和企业的成本责任等。

我国历史上扁鹊医术的故事很有启迪。魏文王问扁鹊曰:"子昆弟三人其孰最善为医?"扁鹊曰:"长兄最善,中兄次之,扁鹊最为下。"魏文王曰:"可得闻邪?"扁鹊曰:"长兄于病视神,未有形而除之,故名不出于家。中兄治病,其在毫毛,故名不出于闾。若扁鹊者,镵血脉,投毒药,副肌肤,闲而名出闻于诸侯。"(《鹖冠子·世贤第十六》记述)在这个故事中,扁鹊认为:"长兄最好,中兄次之,自己最差"的理由是:"长兄治病,是治病于病情发作之前;中兄治病,是治病于病情初起之时;而我扁鹊治病,是治病于病情严重之时。"

联系到如何加强企业内部控制,这个故事令人感悟:事后控制不如事中控制,事中控制不如事前控制,可惜不少人未能体会到这一点,等到错误的决策造成了重大的损失后才寻求弥补,有时已经是亡羊补牢,为时已晚了。所以,为了充分发挥企业内部控制的作用,应当强调事前、事中、事后控制的多方配合,协调运作。事前控制应当是一种积极的防护性控制,具有防范风险的作用。作为控制者事先理应深入实际,调查研究,预测发生差错的问题与概率,并设想预防措施、关键控制点与保护性措施。事中控制应当是一种有效的过程性控制,具有防错纠偏的作用。控制者在采取行动执行有关控制目标或标准的过程中跟踪获取一线信息,有助于及时发现问题,采取措施,解决问题。事后控制应当是一种有效的信息反馈控制,具有亡羊补牢的作用。在实际行为发生以后,控制者应总结、分析、比较实际业绩与控制目标或标准之间的差异,然后采取相应的措施防错纠偏,并给予造成差错者以适当的处罚或给予优秀者适当的奖励。由于会计的日常核算工作大都是事后进行的,所以内部会计的事后控制理应起到事后有效监督和纠正的作用。

理想的内部控制应更注重事前和事中的控制,在采取行动之前或当时,就能起到引导匡正、防错纠偏的作用。因此,内部控制作用的大小与企业的预算、目标、制度的制定和落实;与事先的设想、规划和控制点的分布与安排有着密切的关系。

总体而言,内部控制应当是一种通过制定和实施一系列制度、程序和方法,对风险进行事前防范、事中控制、事后监督和纠正的动态过程和机制。

(三)制度控制与预算控制

内部控制按控制依据可以分为制度控制与预算控制,两者作用各有千秋,应当互补。

1. 制度控制

制度控制是指通过制定企业内部控制制度和有关规章,并以此为依据约束企业和各责任中心财务收支活动的一种控制形式。

内部控制制度包括组织机构的设计和企业内部采取的所有相互协调的方法和措施。这些方法和措施用于保护企业的财产,检查企业会计信息的准确性和可靠性,提高经营效率,促使有关人员遵循既定的管理方针。围绕财务预算的执行,也应建立相应的保证措施或制度,如人事制度、奖罚制度等。

2. 预算控制

预算控制是指以全面预算为依据,对预算执行主体的财务收支活动进行监督、调整的一种控制形式。预算表明了其执行主体的责任和奋斗目标,规定了预算执行主体的行为。

预算控制手段又可以分为定额控制和定率控制等。

定额控制也称绝对控制,是指对企业和责任中心的财务指标采用绝对数进行的控制,如资金、成本、费用和利润等。一般而言,对激励性指标(如利润等)确定最低控制标准,对约束性指标(如成本费用等)确定最高控制标准。

定率控制也称相对控制,是指对企业和责任中心的财务指标采用相对比率进行控制,如资本净利润率、总资产利润率和成本费用利润率等。一般而言,定率控制具有投入与产出对比、开源与节流并重的特征。

内部控制应以建立、健全的全面预算为依据。全面预算是指在企业战略目标的指导下,为合理利用企业资源,提高企业经济效益,而对企业的生产、销售和财务等各个环节进行的统筹安排。全面预算一般具有以下重要功能:

(1) 规划功能。规划是预算的首要功能,是整个管理过程展开的基础,是其他功能发挥作用的基础。预算的规划功能主要体现在制定企业目标及政策、有助于预测未来的机会与威胁和促进资源有效运用三个方面。

(2) 控制功能。规划与控制是相对应的两方面,如果只有规划而没有控制,则规划易流于形式;如果只有控制而没有规划,则控制将没有依据。因此,规划与控制必须前后相对应,密不可分。预算在控制方面的功能主要有确保依既定目标执行,通过信息的反馈了解执行的难点,避免产生浪费与无效率。预算的此项功能还可将预算作为未来规划的依据。

（3）沟通功能。预算的规划、控制、协调和激励等功能的作用，有赖于沟通功能的发挥。沟通功能包括减少预算执行的障碍和便于目标的达成两个方面。

（4）协调功能。协调功能能协调企业的资源利用，调整经营活动使其与预算环境相适应。

（5）业绩评价功能。企业可以通过预算评价每个部门和员工的业绩，并据以实施奖惩。

所以有专家说，执行全面预算的过程也是实现控制目标的过程。

以往一提到企业管理或内部控制，人们可能首先想到的就是如何制定规章制度及如何实施制度控制，制度控制确实可以规定只能做什么，不能做什么。与预算控制相比较，制度控制更具有规范性、自律性和防护性的特征，带有更多的强制性；而预算控制则主要具有目标性、约束性和激励性的特征，预算控制可以涉及企业管理的方方面面，更具有综合性。制度控制和预算控制各有所长，相得益彰。

目前，我国正在借鉴国际先进的做法，极力推行内部控制的理论与方法，加强企业内部控制的法规与制度建设。但也应当看到，不少企业的内控水平还停留在内部牵制或内部控制阶段，有的企业甚至连内部牵制工作都没有做好，在内控方面还有许多漏洞。当然，也有一些企业已经开始研究最新的内控理论与方法并付诸实施了。所以，强化投资者、经营者和管理者的内控意识，积极开展对内部控制的宣传、教育和培训，并贯彻落实企业内部控制制度就显得尤为重要。

四、内部控制重大意义

管理企业，通常包括预测、决策、预算、控制和分析等环节与过程，其中关键还是在于控制。只有加强控制，预测、决策和预算的结果才能真正得到落实，才会成效显著。加强企业内部控制，是促使企业经济运行和财务状况持续、稳定、健康发展的可靠保证，也是进一步提升企业经济运行质量和改善财务状况的基础性工作。无论是投资者,还是经营者;无论是财务会计人员,还是其他管理者,或者是广大的员工,谁都不希望企业的资产遭到损失,资金产生流失,资本导致贬值!但从我国企业内部管理和控制的现状来看,主要问题之一还是在于管理失控,由于内部控制不严而导致舞弊的情况还时有发生,有的失控状况还十分严重。

有人曾经对公司财务失败的原因作过汇总统计:在失败成因的百分比中,疏忽占4%,诈欺占2%,灾祸占1%,经营管理不善占91%,其他因素占2%。可以看到,90%以上的企业失败都与管理失控有关,对企业来说,失控可能是最大的威胁。

【案例分析与点评】

"里森系列案件"举世震惊

里森第一案例简介

1995年2月27日,国际金融界的一条消息令举世震惊:创建于1793年、有着232年灿烂历史的英国巴林银行倒闭,其主要原因是内部管理失控导致过度炒卖金融衍生品。

20世纪初,巴林银行荣幸地获得了一个特殊客户:英国王室。由于巴林银行的卓越贡献,巴林家族先后获得了五个世袭的爵位,从而奠定了巴林银行显赫的地位。

尼克·里森于1989年7月10日正式到巴林银行工作。在这之前,他是摩根·斯坦利银行清算部的一名职员。1992年,里森前往新加坡巴林银行期货公司开始进行金融期货交易,里森身兼前台首席交易和后台结算的主管。1992年7月起,里森利用职务之便连续隐藏员工的失误,他开立了误差账户"88888",该账户在开户表格上注明只能用于冲销错账,未经授权不能进行交易。但他却用这个账户进行越权交易。通过假账调整,使实际亏损隐藏在该误差账户中,成为赔钱的

"隐蔽所"。经查,里森当时所做的许多交易受到了市场走势牵制,而并非出于他对市场的预期。哪一种方向的市场变动会使他反败为胜,能补足88888号账户中的亏损,他便试着往那个方向变动。1994年7月,88888号账户的损失上升到5 000万英镑。1995年1月18日,日本神户大地震,东京日经指数随后大跌。截至1995年3月2日,巴林银行亏损额为9.16亿英镑,约合14亿美元。3月5日,国际荷兰集团接管巴林银行。

如果里森当时只负责清算部门,就没有机会为其他交易员的失误行为瞒天过海,造成最后不可收拾的局面。从表面上看问题仅仅是里森个人的违规操作,但是谁给了他大到足以毁掉一个世界著名银行的权限的?新加坡在1995年10月17日公布有关巴林银行破产的报告结论中有一段话:"巴林集团如果在1995年2月之前能够及时采取行动,那么他们还有可能避免崩溃。截至1995年1月底,即使已发生重大损失,这些损失毕竟也只是最终损失的1/4。如果说巴林的管理阶层直到破产之前仍然对'88888'账户的事一无所知,我们只能说他们一直在逃避事实。"由于巴林银行没有对不相容职务进行分离与控制,里森在新加坡独立操作,一人身兼交易与清算二职,而在长达几年的时间里,巴林银行内部审计部门始终未能及时发现里森利用误差账户进行越权违规交易和发生严重亏损的问题,银行没有对其行为进行有效的监督。里森曾说:"对于没有人来制止我这件事,我觉得不可思议。伦敦的人应该知道我的数字都是假的,这些人都应该知道我每天向伦敦总部要求的现金是不对的,但他们仍旧支付这些钱。"

案例分析点评

里森违规交易而亏损14亿美元,但巴林银行的破产却是根源于其新加坡期货公司内部控制中存在的以下问题:

首先,是不相容职务没有分离。交易和结算属于不相容职务,由一人兼任容易发生错弊,并增加错弊得以被掩盖的机会,而里森身兼前台交易和后台结算的主管,两个重要岗位没有予以分离,所以导致重大亏损得以转移到误差账户进行隐藏。

其次，是放松了对员工的素质要求。对外投资业务人员应当具备良好的职业道德，掌握金融等相关专业知识。而巴林银行明知里森有隐瞒不利法院判决事项的品行，也清楚他缺乏进行衍生产品交易的适当经验，但仍然对他委以重任。

再次，是缺乏授权审批控制。巴林银行应当建立投资业务授权审批制度，防止未经授权的部门或人员办理对外投资业务。但巴林银行放松了对账户的授权控制，使里森得以利用误差账户越权违规交易，以掩盖亏损。

最后，是对内部控制的检查失效。有效的监督检查应当可以及时发现新加坡巴林银行期货公司在岗位设置、人员配备、授权审批控制等方面存在的问题。但巴林银行的内部审计部门在长达几年的时间里始终未能发现问题，致使问题越来越严重。

里森第二案例简介

无独有偶，毕业于北京大学陈久霖被称为"里森第二"。陈久霖1997年被派往新加坡接管中国航油（新加坡）股份有限公司。该公司2001年在新加坡交易所主板挂牌上市。2003年其净资产已超过1亿美元。

中航油新加坡公司（以下称中航油）是中国航油集团公司的海外控股子公司，其总裁陈久霖兼任集团公司副总经理。2003年他开始做油品套期保值业务，之后擅自扩大业务范围，从事石油衍生品期权交易。2004年1月至3月，油价攀升导致公司潜亏580万美元，公司决定延期交割合同，交易量增加，最后导致巨亏。为了补加交易商追加的保证金，公司耗尽近2600万美元的营运资本、1.2亿美元银团贷款和6800万美元应收账款资金，账面亏损高达1.8亿美元。2004年10月26日和28日，公司因无法补加一些合同的保证金而遭逼仓，蒙受1.32亿美元实际亏损。2004年11月8日到11月25日，公司的衍生商品合同继续遭逼仓，截至11月25日，其实际亏损已达3.81亿美元。同年12月1日，在亏损5.5亿美元后，中航油申请破产保护令……

中航油一直未向其母公司中国航油集团公司报告，中国航油集团公司也没有发现。从账面上看,中航油新加坡公司的资产不仅良好,而且透明度高,甚至还被评为2004年度新加坡透明度最高的公司。直到其保证金支付问题难以解决,经营难以为继的情况下,才发出紧急报告,但为时已晚。

中航油事件发生后,陈久霖曾向媒体表示,"我原来计划希望二三年内将公司建成首家拥有完整供应链的海外中资石油企业。如果没有这次事件,目标应该不难实现。出现这样的事件,违背我的初衷……"但悔之晚矣!

中航油曾经请安永会计师事务所制定了相当完善的《风险管理手册》,公司内部也设有风险管理委员会,可谓人岗俱全。根据风险管理要求,每名交易员亏损20万美元时,交易员要向风险管理委员会汇报;亏损达37.5万美元时,向CEO汇报;亏损50万美元时,必须斩仓。但事实是,最终的亏损额已经够报告250次,够斩仓110次了。

案例点评

2005年,普华永道会计师事务所(下称普华永道)提交了中航油2004年巨亏5.5亿元的第一期调查报告,其结论认为,管理层没有做好执行期权交易风险的管理规则和控制的准备,公司缺乏适当的风险管理机制,管理层对已有的风险管理规则置若罔闻。陈久霖正是如此。他一手使得中航油2002年净资产达到了历史巅峰,与1997年的16.8万美元的净资产相比,暴增了761倍,这为陈久霖走上神坛做足了铺垫。自此,公司内部没有任何人怀疑陈久霖的权威。被神化了的企业家自然可以游离于公司风险控制系统之外。对于陈久霖的责任,普华永道将其归纳为四大主要问题:

(1)陈久霖在不了解期权交易、没有对交易风险作出正确评估的情况下开始期权交易。

(2)陈久霖通过挪盘使公司承担了不可接受的巨大风险,而挪盘又引发更多交易,导致进一步的损失,最终导致财务灾难。

(3)陈久霖未在财务业绩中披露公司损失。

(4)陈久霖在公司内部培养了一种保密文化,以业务保密为幌子,故意对董事会和审计委员会隐瞒期权交易。

风险管理最终彻底失效的原因在哪里呢？关键在于管理失控与监管缺位。风险管理体系必须由具备高度风险意识的总裁来执行。而陈久霖显然属于那种"将在外，君命有所不受"的角色，加上以往的成功，使他敢于藐视自己设立的风险管理规定，中航油也因陈久霖的个人兴亡而"其兴也勃焉，其亡也忽焉"。

里森第三案例简介

还会不会有"里森第三"呢？担任世界最大衍生交易市场领导角色的法国兴业银行于2008年1月24日曝出历史上最大违规操作丑闻，一位出道不久的"低级别交易员"凯维埃尔，在未经授权的情况下，利用自己高超的计算机技术，突破公司层层控制的防火墙，"偷500亿欧元"，大量购买欧洲股指期货，瞒天过海"赌掉银行49亿欧元"，损失金额达到巴林银行当时损失的4倍之多！

案例点评

令人感叹的是，法国兴业银行曾于2007年相继被世界权威风险管理杂志《风险》和《银行家》评为"证券衍生产品年度最佳银行"和"资产负债管理年度金融机构"。

一系列"里森案件"发人深省：还会不会出现里森第四、第五……大量失控案例的事实告诫人们：严格的控制与监管是必要的，规范交易行为永远是重要的，防范风险应时时有足够的准备。

前车之鉴发人深省，历史的教训永远值得记取。市场经济发展得越快，加强内部控制就显得越为重要。研究制定企业内部控制规范，是经济社会发展迫切的现实要求，也是新形势下落实科学发展观、服务企业改革与发展的重要举措之一。当前，我国加强企业内部控制的重大现实意义可以归纳为以下几个方面。

（一）建设和谐社会需要加强企业内部控制

没有规矩，不成方圆。企业内部控制在于检验每一项管理活动是否同所拟定的预算、所发出的指示和所确定的原则相符合，旨在发现、纠正和防止差错。一个企业的内部控制制度是否真正有效，不仅要看形式上已经制定了多少制度,而更重要的是在于企业内部控制是否已经充分发挥出其应有的作用,尤其是在市场经济不断发展和经营情况日益复杂的现代企业中,加强内部控制有其重要的现实意义和深远的历史意义。

大量失控案例已经充分表明:得控则强,失控则弱,无控则乱,加快内部控制制度建设对于建设和谐社会刻不容缓。我国发布的企业内控基本规范既有类似美国《2002年萨班斯—奥克斯利法案》(简称萨班斯法案)的强制力,又有与科索委员会报告一样的对内控实务的示范作用;既有兴利作用,又有防弊作用。内部控制除了实现财务报告目标之外,还有经营性等方面的目标。防止信息失真与会计舞弊、提高经营效率与经济效益都应当是内部控制的重要目标,这也是保持企业可持续稳定发展和建设和谐社会的需要。

(二) 健全资市市场要求大力强化企业内部控制

没有堤坝,河水会泛滥。中外失控与舞弊案例已经向世人敲响警钟。在人们对巴林银行惨败痛心疾首之后,安然、世通等财务舞弊和会计造假案件又不断发生,资本市场的正常秩序受到严重挑战! 研究表明,内部控制存在缺陷是导致企业经营失败并最终铤而走险、欺骗投资者和社会公众的重要原因。为此,许多国家通过立法强化企业内部控制。内部控制日益成为企业进入资本市场的"通行证"。我国境内外上市公司也纷纷花巨资聘请咨询服务机构设计内部控制制度,以适应监管要求。

目前国际资本市场正在大力强化内部控制。健全有效的内部控制可以提高上市公司财务报告的有效性;可以保障公司资产安全,减少舞弊事件发生,堵塞漏洞,有效提高风险防范能力,降低公司风险;可以提高公司经营效益及效率,提升上市公司质量,增加对投资者的回报。

新发布的基本规范为中国企业首次构建了一个企业内部控制的标准框架,有效解决了"政出多门、要求不一、企业无所适从"的问题;有利于提高内部控制监管效率、降低监管成本;有利于优化企业管理和增强企业竞争实力;有利于保障经济安全、维护资本市场稳定。

(三) 经济健康发展迫切呼唤加强企业内部控制

作为全面、全员、全过程的内部控制，是公司治理的关键环节，加强内部控制是公司经营管理的重要举措。在合理保证企业经营管理合法、合规，资产安全、财务报告及相关信息真实完整，提高经营效率和效果，促进企业实现发展战略和企业发展壮大的过程中具有举足轻重的作用。但从现实情况看，许多企业管理松弛、内控弱化、资产流失、营私舞弊等问题比较突出。为了引导企业进一步加强内部控制，新修订的《中华人民共和国会计法》规定各单位必须建立、健全内部会计控制制度。我国财政部在市场经济不断发展的关键时候，发布与实施了《企业内部控制规范基本规范》等一系列关于企业内部控制规范的法规性文件，这对于促进企业建立、健全内部控制，改变我国目前企业内部控制乏力、会计信息失真严重、企业内部管理散乱的现状，具有积极而重大的现实意义，是新形势下加强单位内部监督的里程碑。

(四) 防范风险要求企业不断完善企业内部控制制度

市场经济是风险经济，风险与收益形影不离。成功与失败可能仅是一步之遥。许多经营失败往往表现为对风险认识不足与疏于防范。企业的经营风险是指因生产经营方面的原因给单位盈利带来的不确定性，如投资风险、信用风险、合同风险等。企业应根据不同业务类型，建立风险评估体系和应对机制。例如，为防范合同风险，企业应建立合同起草、审批、签订、履约监督和违约应对等控制措施，必要时可以聘请律师参与等。企业的财务风险又称筹资风险，是指由于举债而给企业财务状况带来的不确定性。借入资金就要还本付息，一旦企业无力偿付到期债务，便会陷入财务困境甚至破产。风险防范永远是企业的一项基础性、经常性工作，必要时，企业可以设置风险评估部门或岗位，专门负责有关风险的识别、规避和控制。企业内部控制规范已经为中国企业构筑防范风险的"防火墙"，企业应以管控风险求稳健扩张，所以，企业风险管理最核心的目标就是要促进企业健康、稳定地可持续发展。

第二讲　企业内部控制基本规范

一、企业内部控制基本理念

(一) 企业内部控制的立法宗旨

《企业内部控制基本规范》(以下简称《基本规范》,详见书后附录一)是我国第一部关于企业内部控制的规章制度,是指导我国企业如何加强内部控制的最基本也是最主要的法律文本。《基本规范》开创了中国企业内部控制的新局面。

《基本规范》由财政部会同证监会、审计署、银监会和保监会共同制定,全文共七章五十条,各章内容分别是:总则、内部环境、风险评估、控制活动、信息与沟通、内部监督和附则。

借鉴国际经验,结合中国国情,《基本规范》第一条明确提出的立法宗旨是"为了加强和规范企业内部控制,提高企业经营管理水平和风险防范能力,促进企业可持续发展,维护社会主义市场经济秩序和社会公众利益,依据《中华人民共和国公司法》、《中华人民共和国证券法》、《中华人民共和国会计法》和其他有关法律法规,制定本规范。"

(二) 企业内部控制的适用范围

《基本规范》使用于各类企业,所以称之为企业内部控制基本规范。

《基本规范》第二条明确指出:"本规范适用于中华人民共和国境内设立的大中型企业。小企业和其他单位可以参照本规范建立与实施内部控制。大中型企业和小企业的划分标准根据国家有关规定执行。"

《基本规范》扩大了适用范围。原征求意见稿规定,"本规范适用于中华人民共和国境内的大型企业、上市公司和其他涉及重大公众利益的企业。"而《基本规范》正式文件将"境内的大型企业"扩大为"境内设立的大中型企业"。

《基本规范》第五十条指出:"本规范自2009年7月1日起实施。"首先在上市公司范围内施行,鼓励非上市的大中型企业执行。

(三)企业内部控制的基本目标

按照《基本规范》的要求,内部控制应该是由企业董事会、监事会、经理层和全体员工实施的、旨在实现控制目标的过程,它涉及企业的方方面面,可以说《基本规范》所称的内部控制是指企业的全面、全员、全过程的控制。

由于内部控制旨在实现控制目标,所以,内部控制是一个控制目标的实施过程。关于控制目标主要有以下三种观点:

(1)内部控制目标三要素论,代表观点是《内部控制——整体框架》中提出的效率性、可靠性和合法性。

(2)内部控制目标四要素论,代表观点是《企业风险管理——整合框架》中提出的效率性、可靠性、合法性和战略性。

(3)内部控制目标五要素论,包括效率性、可靠性、合法性、资产保全性和战略性。《基本规范》第三条明确指出:"内部控制的目标是合理保证企业经营管理合法合规、资产安全、财务报告及相关信息真实完整,提高经营效率和效果,促进企业实现发展战略。"这条规定体现了"五要素目标论"对中国企业控制目标的具体要求,其标准既全面又很高,具体表现在:① 合法性要求:合理保证企业经营管理合法合规。② 资产保全性要求:合理保证企业资产的安全完整。③ 可靠性要求:合理保证企业财务报告及相关信息真实完整。④ 效率性要求:合理保证提高企业的经营效率和效果。⑤ 战略性要求:合理保证促进企业实现发展战略。

五要素目标的实现涉及企业的方方面面。其中,合法性是控制的底线,保全性、可靠性和效率性是分别资产、信息、经营提出的控制要求,而战略性即发展战略,是指企业围绕经营主业,在对现实状况和未来形势进行综合分析和科学预测的基础上,制定并实施的具有长期性和根本性的发展目标与战略规划。

应当看到,缺乏明确的发展战略,可能导致企业盲目发展,丧失发展动力和后劲;发展战略脱离企业客观实际,可能导致企业过度扩张或发展滞后;发展战略因主观原因频繁变动,可能损害企业发展的连续性或导致资源浪费等。为此,企业应当在董事会下设立战略委员会,或者由董事会授权的类似机构(以下统称战略委员会)履行发展战略相应职责。战略委员会具有下列主要职责:负责研究拟定发展战略;对企业重大经营方针、投融资方案和企业章程规定的其他有关重大事项进行研究并提出建议;并对前述两款事项的实施情况进行监督检查。

企业董事、监事和高级管理人员应当树立战略意识和战略思维,并采取教育培训等有效措施将发展目标和战略规划传递到企业内部各个管理层级和全体员工。企业应当积极培育有利于发展战略实施的企业文化,建立支持发展战略实施的组织架构、人力资源管理制度和信息系统,促进企业实现发展战略。

对于我国的上市公司来说,实施健全、有效的内部控制将有利于提高财务信息质量,提升财务报告的有效性,这对于保护投资者合法权益具有至关重要的意义;有利于上市公司遵守国家法律、法规、规章及其他相关规定,堵塞管理漏洞,保障公司资产的安全,有效提高公司风险防范能力,减少乃至避免舞弊事件的发生;有助于提高经营效率和效益,最大限度地回报股东和社会。

二、企业内部控制重大突破

(一) 中国版的萨班斯法案

我国发布的企业内控基本规范既对中国企业建立内控制度提出了强制性要求,又为千差万别的中国企业建立、健全内控制度提供了基本框架;既吸收了内控的国际先进理念,又充分体现了中国内控的现实环境要求。所以,有专家认为"这一规范的出台,是中国企业按国际化标准严格自律的宣言书,更是中国企业参与国际竞争,逐步接受并自觉遵循市场经济游戏规则,不断完善企业制度、细化管理的内在要求"。有专家赞誉其为"中国版的萨班斯法案"。

(二)《基本规范》重大突破的具体表现

《基本规范》坚持立足我国国情、借鉴国际惯例,确立了我国企业建立和实施内部控制的基础框架,并取得了重大突破,主要表现在以下几个方面:

(1) 科学界定内部控制的内涵,强调内部控制是由企业董事会、监事会、经理层和全体员工实施的、旨在实现控制目标的过程,这样有利于树立全面、全员、全过程控制的理念。

(2) 准确定位内部控制的目标,要求企业在保证经营管理合法、合规,资产安全、财务报告及相关信息真实完整,提高经营效率和效果的基础上,着力促进企业实现发展战略。

(3) 合理确定内部控制的原则,要求企业在建立和实施内部控制全过程中贯彻全面性原则、重要性原则、制衡性原则、适应性原则和成本效益原则。

(4) 统筹构建内部控制的要素,有机融合世界主要经济体加强内部控制的做法经验,构建了以内部环境为重要基础、以风险评估为重要环节、以控制活动为重要手段、以信息与沟通为重要条件、以内部监督为重要保证,相互联系、相互促进的五要素内部控制框架。

(5) 开创性地建立了以企业为主体、以政府监管为促进、以中介机构审计为重要组成部分的内部控制实施机制,要求企业实行内部控制自我评价制度,并将各责任单位和全体员工实施内部控制的情况纳入绩效考评体系;国务院有关监管部门有权对企业建立并实施内部控制的情况进行监督检查;明确企业可以依法委托会计师事务所对本企业内部控制的有效性进行审计,会计师事务所出具审计报告。

国际会计准则理事会(IASB)主席戴维·泰迪专门发来贺信,指出内部控制标准是建立现代经济体系的关键因素之一,并对中国政府在内部控制标准建设方面取得的成就表示高度赞赏。在全球内部控制标准制定领域享有盛誉的美国科索委员会也发来贺信,并同时指出,中国企业内部控制基本规范与国际领先的内部控制框架在所有主要方面保持了一致。

三、企业内部控制基本原则

原则是不容置疑和不容违背的,是指导企业进行内部控制应当遵循的最基本的规范要求。《基本规范》第四条指出:企业建立与实施内部控制,应当遵循下列原则:

(1) 全面性原则。内部控制应当贯穿决策、执行和监督全过程,覆盖企业及所属单位的各种业务和事项。

(2) 重要性原则。内部控制应当在全面控制的基础上,关注重要业务和高风险领域。

(3) 制衡性原则。内部控制应当在治理机构、机构设置及权责分配、业务流程等方面形成相互制约、相互监督,同时兼顾运营效率。

(4) 适应性原则。内部控制应当与企业经营规模、业务范围、竞争状况和风险水平等相适应,并随着情况的变化及时加以调整。

(5) 成本效益原则。内部控制应当权衡实施成本与预期效益,以适当的成本实现有效控制。

企业内部控制应当关注上述原则的全面综合运用,尤其应当注意从财务报告导向转变为价值创造导向,即内部控制在关注财务报告质量的同时更关注价值创造。综观我国新企业会计准则及现有内部控制的相关规定,内部控制目的在于建立和完善符合管理要求的内部组织结构;形成科学的决策机制、执行机制和监督机制;建立行之有效的风险控制系统;强化风险管理,确保单位各项业务活动的健康运行;堵塞漏洞、消除隐患,防止并及时发现和纠正各种欺诈、舞弊行为;保护单位财产的安全完整,规范企业会计行为,保证会计资料真实、完整;提高会计信息质量,确保国家有关法律、法规和单位内部规章制度的贯彻执行。显然,对财务报告的关注,是我国新企业会计准则及内部控制研究和指南制定的主导动因,但这种动因的主导地位日益受到商业竞争的冲击而发生动摇。日趋激烈的商业竞争使得企业更加关注价值创造。早期的内部控制作为管理的一种职能提出来,是以降低成本、增加利润为重心的。随着股东价值最大化成为所有公司的主要目标,以价值为核心目标、不断提高企业核心竞争力也就成为管理当局实施管理控制的战略任务。企业内部控制需要企业管理层和各个环节的共同努力，以有效地获取与利用资源，实施与价值创造相关的商业战略。内部控制体系既涉及生产经营的方方面面，强调对经营效率和效益目标实现所涉及的各类生产流程和管理流程对人、财、物等资源的有效利用；又涉及物流、资金流、信息流的匹配和协调。为此，内部控制应服从于企业价值最大化和利益相关者利益最大化；立足于全面提升企业管理水平；突破传统会计和审计范畴；构建内部控制目标体系、流程分析和风险评估、控制点设计和关键点选择以及评价指标及其标准设计等。因为公司的内部控制只有在能够满足经营者和投资者价值创造的需求时，才能被接受，而经营者和投资者的立场和追求，直接影响或决定了公司内部控制的价值取向，经营者和投资者更关注的还是通过有效的内部控制来增加公司的价值创造。所以，与价值创造相关的商业战略及其有效实施更应成为全面内部控制关注的重点。

有些企业基于对财务报告可靠性的过度关注，会设计一套复杂而又繁琐的内部控制程序，以便将错弊控制在最小的限度内，这有可能导致内部控制过度；而有人却认为控制是由监管者强加的，从而造成控制与被控制的对立状态。繁琐而过度的控制可能会使企业决策和行动速度缓慢，增加企业的管理成本，造成企业对市场的反应能力下降；控制与被控制的对立状态会使组织、员工只关心自己能控制行为的直接后果而不去考虑该后果给后续业务带来的连带效应，容易导致本位主义，形成不协调的竞争，破坏组织和谐，最终会违背企业内部控制的设立目标。因此企业在内部控制建设时，应注意内部控制的适度问题。

在市场经济中设计内部控制程序和控制活动应突出重点，服从风险管理的要求。新企业会计准则对企业现金流、资产质量和经营风险管理的关注，已经要求企业转变应对风险的态度。在知识经济时代，为了捕捉商业机会，并不是风险越小就越好。许多时候需要管理者积极地面对风险，愿意并有技巧地承担风险，并使企业经营目标的风险容忍度与风险偏好相一致，以促成各种机会的实现或使各种机会价值最大化。这也符合风险管理与内部控制的理论。内部控制必须打破局限于会计与审计领域的传统认识,从整个社会与组织运行的高度来重新审视内部控制原理。内部控制作为管理层的风险应对措施得以执行的保证,应服从企业风险管理的总体目标和要求来考虑内部控制活动和程序。

总之,企业应当理论联系实际地遵照内部控制上述五项基本原则,并将其与内部控制的基本要素、企业内部的各个层级、各项业务和各个环节有机结合,以确保有效实现内部控制的基本目标。

四、企业内部控制基本要素

(一) 基本要素的结构框架

基本要素是构建内部控制标准的结构框架,是构成内部控制体系的核心内容。

《基本规范》被视为稳定资本市场发展基石的举措,将为中国企业防范风险构筑一道"防火墙"。这道"防火墙"由内部环境、风险评估、控制活动、信息与沟通和内部监督五大要素构成,它与董事会、监事会、经理层和全体员工四个方面实施的全员控制,以及与保证经营管理合法、合规,资产安全,财务报告及相关信息真实完整,提高经营效率和效果,实现发展战略的五大目标之间的关系如图 2-1 所示。《基本规范》正是围绕着这五大控制的基本要素层层展开的。

我国的《基本规范》在起草过程中合理借鉴了以美国 COSO 报告为代表的国外内部控制框架,并根据我国国情进行了较大的调整和改进。即《基本规范》在形式上借鉴了 COSO 报告的五要素框架,同时在内容上体现了风险管理八要素框架的实质。

企业内部控制的基本框架,好比会计要素一样,存在国际趋同问题。借鉴国际上较为成熟的内控框架,能够使我们一开始就站在一个较高的起点上,并为我国境外上市公司,特别是在美上市公司符合上市地内控监管要求提供有益参考。至于是五要素还是八要素,应综合考虑;五要素框架相对较成熟、较稳定,包括美国证监会等推荐、参照的框

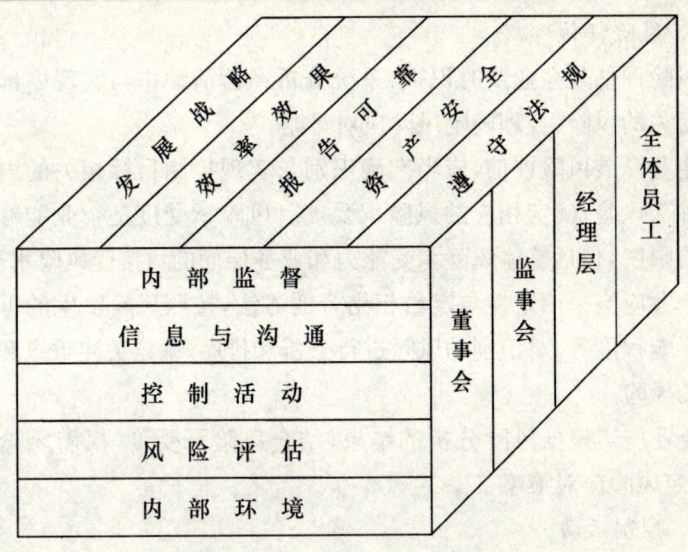

图 2-1 我国企业内部控制基本要素关系图

架仍是五要素框架;同时,从长远发展趋势看,也应适当体现八要素框架的先进理念。

(二) 五大要素的基本内涵

企业内部控制应当能够涵盖企业经营管理的各个层级、各个方面和各项业务环节。为了便于不同所有制形式、不同组织形式、不同行业、不同规模的企业可以结合实际情况,从不同的角度入手建立与健全企业内部控制,《基本规范》认为我国企业建立与健全内部控制至少应当符合以下五个方面的结构框架要求,这就是内部控制的五大基本要素。

1. 内部环境

内部环境是企业实施内部控制的基础,一般包括治理结构、机构设置与权责分配、内部审计、人力资源政策和企业文化等。

企业应当根据国家有关法律、法规和企业章程,建立规范的公司治理结构和议事规则,明确决策、执行、监督等方面的职责权限,形成科学有效的职责分工和制衡机制。

2. 风险评估

风险评估是企业及时识别、系统分析经营活动中与实现内部控制目标相关的风险,合理确定风险应对策略。

企业开展风险评估,应当准确识别与实现控制目标相关的内部风险和外部风险,确定相应的风险承受度。风险承受度是企业能够承担的风险限度,包括整体风险承受能力和业务层面的可接受风险水平。

企业应当采用定性与定量相结合的方法,按照风险发生的可能性及其影响程度等,对识别的风险进行分析和排序,确定关注重点和优先控制的风险。

企业应当根据风险分析的结果,结合风险承受度,权衡风险与收益,确定风险应对策略。

3. 控制活动

控制活动是企业根据风险评估结果,采用相应的控制措施,将风险控制在可承受度之内。

控制措施一般包括不相容职务分离控制、授权审批控制、会计系统控制、财产保护控制、预算控制、运营分析控制和绩效考评控制等方面。

4. 信息与沟通

信息与沟通是企业及时、准确地收集和传递与内部控制相关的信息,确保信息在企业内部之间、企业与外部之间进行有效沟通。

企业应当对收集的各种内部信息和外部信息进行合理筛选、核对、整合,提高信息的有用性。

5. 内部监督

内部监督是企业对内部控制建立与实施情况进行监督检查,评价内部控制的有效性,发现内部控制缺陷时,应当及时加以改进。

内部监督分为日常监督和专项监督。企业应结合内部监督情况,定期对内部控制的有效性进行自我评价,出具内部控制自我评价报告。

(三)基本要素之间的关系

《基本规范》有机融合了世界主要经济体加强内部控制的做法与经

验,提出了企业建立与实施有效内部控制的要素,即构建起以内部环境为重要基础、以风险评估为重要环节或重要依据、以控制活动为重要手段、以信息与沟通为重要条件或重要载体、以内部监督为重要保证,相互联系、相互促进的五要素内部控制框架。五个方面的基本要素之间的相关关系如图2-2所示。

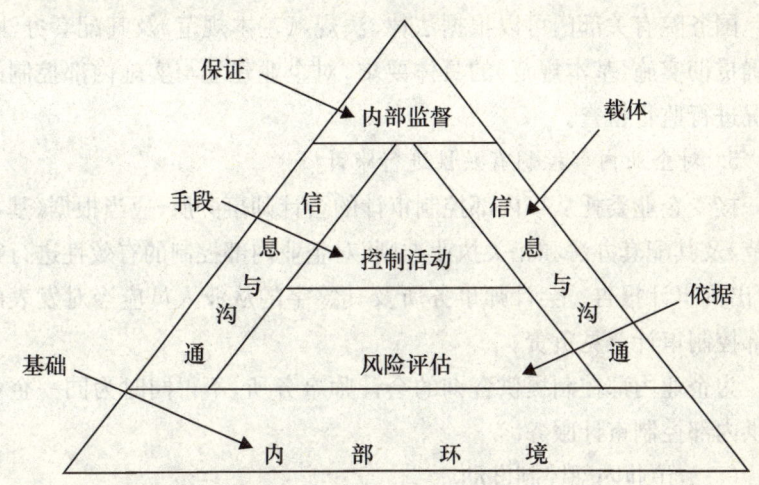

图 2-2 内部控制五要素及其相互关系

五、企业内部控制实施要求

（一）实施企业内部控制的总体要求

《基本规范》从第六条至第十条分别提出了企业如何制定内部控制制度的一些总体要求。

1. 制定并组织实施内部控制制度

企业应当根据有关法律、法规,《基本规范》及其配套方法,制定本企业内部控制制度并组织实施。

2. 运用信息技术促进内部控制流程

企业应当运用信息技术加强内部控制,建立与经营管理相适应的信息系统,促进内部控制流程与信息系统的有机结合,实现对业务和事项的自动控制,减少或消除人为操纵因素。

3. 建立内部控制激励约束机制

企业应当建立内部控制实施的激励约束机制,将各责任单位和全体员工实施内部控制的情况纳入绩效考评体系,促进内部控制的有效实施。

4. 监督检查内部控制实施情况

国务院有关部门可以根据法律、法规、《基本规范》及其配套办法,明确贯彻实施《基本规范》的具体要求,对企业建立与实施内部控制的情况进行监督检查。

5. 对企业内部控制有效性进行审计

接受企业委托从事内部控制审计的会计师事务所,应当根据《基本规范》及其配套办法和相关执业准则,对企业内部控制的有效性进行审计,出具审计报告。会计师事务所及其签字的从业人员应当对发表的内部控制审计意见负责。

为企业内部控制提供咨询的会计师事务所,不得同时为同一企业提供内部控制审计服务。

(二) 企业内部控制推动

推动企业内部控制的实施是一个庞大的系统工程,其制定、实施和外部推动三者紧密相连,缺一不可。

1. 加快制定内部控制标准

内部控制标准的制定是整个内控标准体系建设中最基本、也是最关键的一环。目前设计的内部控制标准体系包括《基本规范》、《应用指引》、《评价指引》和《审计指引》。

企业应当根据国家有关法律、行政法规和企业内部控制规范,结合部门或者系统有关内部控制规定,在对现有经营管理制度、措施及其实施情况进行全面分析、总结的基础上,制定适合本企业业务特点和管理要求、与经营管理制度和措施有机结合的内部控制制度,并组织实施。

企业通常可以采取以下方法和程序建立、健全本企业的内部控制制度:

(1) 对企业的组织体系、机构设置、营业范围、经营方式、主要业务、营运情况、管理水平、员工情况、财务状况、经营成果以及所处的外部环境等进行全面总结和分析。

（2）按照一定的方法，合理归集、构建适应企业经营管理状况和内部控制要求的相关子系统，包括职责确定、机构设置、职能划分、人员配备等决策管理系统；采购、生产、销售、储存、运输等经营系统；会计、统计、审计、计算机信息技术等支持保障系统。

（3）对各相关子系统进行认真研究和梳理，确定各子系统运行过程中的主要风险、关键环节和关键控制点，并针对每一个关键环节和关键控制点制定有效的控制措施。

（4）用文字、流程图、风险控制文档等多种形式将各相关子系统及其业务和事项的风险类型、控制目标、关键控制点、控制措施、控制频率加以规定和说明，形成与经营管理制度有机结合的内部控制制度。

运用计算机信息技术手段实施内部控制的企业，在建立、健全本企业内部控制制度时，应当充分考虑手工控制与计算机信息技术控制的特点和差异，但不得因实行计算机信息技术控制而免除或减少必要的控制程序。

企业可以采取分步实施、逐步完善的方法建立、健全本企业的内部控制制度。企业在建立与财务报告真实可靠、资产安全完整密切相关的内部控制制度时，可以先行对本企业的财务报表项目进行全面分析，在此基础上，按照重要性水平和对财务报告真实可靠、资产安全完整的影响程度，有重点地选择部分报表项目及与之紧密相关的业务或事项作为关键控制对象，并按照有关要求建立相应的内部控制制度。

企业应当加强宣传引导和教育培训，通过多种途径广泛宣传企业内部控制制度，建立高级管理人员职业操守准则和员工行为守则，引导管理层和全体员工掌握企业内部控制的本质要求，促进管理层和全体员工加强职业道德修养、提高专业胜任能力，自觉遵守企业内部控制制度的各项规定。

2. 全面组织实施企业内部控制制度

（1）董事会负责内部控制制度的建立、健全和有效实施。在组织实施内部控制制度过程中,企业董事会应当充分认识自身对企业内部控制所承担的责任,加强对本企业内部控制建立和实施情况的指导和监督。其中,董事长(或者法定代表人、代表企业行使职权的主要负责人,以下简称董事长)对本企业内部控制的建立、健全和有效实施负责。有条件的企业,可以成立内部控制项目建设委员会或者类似工作机构,负责组织领导和统筹协调本企业内部控制制度的建立与实施工作。内部控制项目建设委员会负责人一般应由董事长担任。

(2)监事会对董事会建立与实施内部控制进行监督。由于监事会对股东(大)会负责,应当切实履行监督企业董事、经理和其他高级管理人员依法履行职责的情况。

(3)经理层负责组织领导企业内部控制的日常运行。经理(或者总裁、厂长,以下简称经理)根据法定职权、企业章程和董事会的授权,负责组织领导本企业内部控制的日常运行。总会计师(或者财务总监、分管财务会计工作的负责人,以下简称总会计师)在董事长和经理的领导下,主要负责与财务报告的真实可靠、资产的安全完整密切相关的内部控制的建立、健全与有效执行。

(4)企业应当成立内部控制专门机构或者指定适当的机构具体负责组织协调内部控制制度的建立实施及日常工作。

(5)审计委员会负责审查企业内部控制制度,监督内部控制制度的有效实施和内部控制自我评价情况,协调内部控制审计及其他相关事宜等。

(6)企业还应当加强对子公司、分公司、分支机构建立和实施内部控制的指导和监督,并将其作为考核子公司、分公司、分支机构负责人业绩的重要依据。

(7)企业应当创造条件,有效利用计算机信息技术加强企业内部控制,逐步实现生产管理系统、营销管理系统、预算管理系统和财务会计管理系统等的有机结合和可比互通,不断提高内部控制的效率与效果。

3. 外部积极推动内部控制

内控体系建设工作除了制定标准并在企业内部实施外，还需要外部有关方面的推动。也就是说，制定和实施企业内部控制标准应当顺应我国经济、政治、文化、法律等外部环境的客观要求，并与企业管理体制和机制相一致。

广泛宣传和普及内控先进理念，特别要注重向企业管理层、决策层宣传内控，使加强内控建设成为企业领导人的自觉行为，为内控标准体系顺利实施创造有利环境。在内控标准实施前后，应组织研修班或培训班，请那些在内控建设方面先行且收效良好的企业现身说法，以期通过这种最贴近企业实际的方式，传达内控理念，帮助更多的企业树立内控建设，这样可以进一步提升企业价值的新观念，努力实现从被动内控到主动内控的转变。

《基本规范》的制定发布和若干配套指引的公开征求意见，是继我国企业会计准则、企业审计准则正式颁布和顺利实施之后，财政、审计、证券监管、银行监管、保险监管和国有资产管理部门以实际行动贯彻落实科学发展观、促进企业和资本市场又好又快发展的又一重大举措。财政部将会同国务院有关部门着力抓好基本规范的贯彻实施工作。政府为此将重点抓好以下六方面的工作：

（1）着力抓好实施准备工作，研究制定具体实施办法，采取有效措施降低企业实施成本，稳步扩大基本规范实施范围。

（2）着力加强宣传培训，为贯彻实施《基本规范》营造良好的舆论氛围和社会环境。

（3）着力健全内控规范体系，逐步建立一套以《基本规范》为统领，以评价指引、应用指引和内部控制鉴证指引等配套办法为补充的内控标准体系，并不断完善以法制为推动、以企业实施为主体、以政府监管和社会评价为保障、以各方面积极参与为促进的内控实施体系。

（4）着力巩固科学民主决策机制，充分调动各方面的积极性、主动性和创造性，为建设高质量的内控标准体系提供强大智力支持。

（5）着力推进内控国际趋同，通过促成我国内部控制标准与国际内部控制框架的趋同,为我国企业走出去提供积极支持。

(6)着力发挥体系联动效应,研究分析会计准则、审计准则、内控规范、会计教育与人才评价以及信息化建设之间的联动关系,最大限度地发挥整体联动效应,更好地为经济社会可持续发展服务。

【案例分析与点评】

破产之源在于管理失控

案例简介

××集团公司是一家药品生产企业。创业之初,公司董事长陈某为了加强对公司的控制力度,提高工作效率,推荐其姐夫李某出任公司总经理并得以任命。由于董事长与总经理之间配合较好,公司经营管理比较顺畅,很快成为医药行业的知名企业。

2004年年末,公司召开董事会会议,总经理李某建议拓展公司业务,涉足IT行业和房地产行业。公司独立董事王某对此提出异议,认为这三个行业之间关联度太小,公司也没有从事IT行业和房地产行业的经验和优势,因此,主张在医药行业进一步扩张,向高科技生物制药领域发展。但在董事会表决时,由于董事长陈某对李某的坚定支持,总经理李某的提议仍以绝大多数票赞成通过。

2005年年初,作为进入房地产行业后的第一笔业务,××集团公司决定建设一座40层高的商务大楼,其中少数楼层用于公司办公,多数楼层用于对外招商和租赁。在该项目开工前,项目施工方临时建议将商务大楼增高至70层的高度,以显示公司实力和气派。总经理李某随即拍板同意。独立董事王某提醒说,原建设方案是经财务部等统筹考虑公司可承受能力后设计的,如临时改变建筑高度,应重新制定项目概、预算方案等。但王某的建议没有引起李某的重视,商务大楼就此按70层高设计并投入建设。

2006年2月,由于公司经营业绩下滑,而商务大楼追加楼层的建设款又占用了过多的现金,最终导致××集团公司的资金链断裂,陷入破产清算之境地。

案例分析点评

××集团公司之所以失败是因为管理失控,其内部控制存在的缺陷还不少。

(一)控制环境不理想

(1)公司关注行业扩张,却缺少整体的风险意识和风险管理理念。

(2)董事长与总经理之间存在着近亲属关系,导致对总经理的监督难以进行。

(3)权利和职责没有适当地进行分配,总经理权限过大,独立董事被边缘化,导致公司作出的重大决策缺乏有效制约与监控。

(二)目标设定不科学

目标设定是管理当局在识别和评估实现目标的风险并采取行动来管理风险之前,采取恰当的程序去设定目标,确保所选定的目标支持和切合单位的发展使命,并且与单位的风险承受能力相一致。目标设定是事项识别、风险评估和风险应对的前提。目标设定既有战略目标,又有具体的经营目标。××集团在设定战略目标时,盲目选择扩张行业,没有充分考虑可能的风险水平;在设定经营目标时(追加商务大楼建设高度),缺乏与财务部门等的沟通,忽视可能产生的财务风险,一味追求规模。

(三)事项识别不合理

事项识别是管理当局从影响目标实现的内部或外部因素中识别潜在的风险事项,以便确定相应的风险承受度。××集团公司在进行事项识别时,放弃将资金投入原本熟悉的医药市场,无视可能在生物制药行业做强做大的潜在机会,而进入经验不足、与原先产业无关的IT和房地产行业,承担了较高的行业风险。

(四)风险评估机制不健全

××集团公司没有建立起健全的风险评估机制,对行业风险缺少充分的考虑,决定建设投资时也没有评价可能出现的财务风险。风险评估机制不健全造成了公司在应对风险时办法匮乏,最终走向破产清算。

(五)信息沟通不畅通

由于××集团公司控制环境基础薄弱,决策权过分集中,导致集团内部缺少信息由下向上沟通的渠道,外部独立董事提供的信息也无法得到公司内部各部门的重视,信息沟通渠道不畅通致使公司的内部控制无法产生真实、及时和有用的信息。

失控终将导致失败的案例告诫人们,在激烈竞争的市场经济中,加强企业的内部控制永远是重要和必要的。

第三讲　企业内部控制构成要素

一、内部环境

内部环境是影响、制约企业内部控制建立与执行的各种内部因素的总称,是企业实施内部控制的基础。按照《基本规范》的要求,内部环境的构成要素一般包括治理结构、机构设置与权责分配、内部审计、人力资源政策以及企业文化等几个方面。

（一）治理结构

1. 公司治理是现代公司制的核心

现代企业制度下的公司制企业的主要特点之一就是所有权与经营权相分离,企业以独立的法人资格自主经营、自负盈亏、自我发展和自我完善。建立规范的公司法人治理结构,既是我国企业的改革方向,也是建立现代企业制度的核心和关键。健全的治理结构、科学的内部机构设置和权责分配是建立并实施内部控制的基本前提,是影响和制约内部环境的首要因素。

由于公司制使所有权与经营权相分离,在这种分离的基础上,经营者有可能利用私人信息的优势谋取个人利益。由于所有者和经营者之间的信息不对称,导致各相关利益主体的地位及其所拥有的信息量的不同,最终决定了契约各方的不对等。公司治理结构涉及各相关利益方之间的关系。公司治理结构在本质上是一种关系合约,包括签约、履约、计量和评价以及再签约等一系列过程。建立规范的法人治理结构,可以形成有效的分工和制衡机制。

2. 公司治理结构

公司治理结构分为外部公司治理结构与内部公司治理结构。外部公司治理结构通过资本市场、经理人市场和商品流通市场等发挥作用；内部公司治理结构通过股东大会、董事会、监事会等发挥作用。

内部公司治理一般分为治理结构和治理机制两个方面,两者互相配合,共同决定着一个公司治理效率的高低。治理结构又称法人治理结构,一般是由股权结构、董事会、监事会和经营班子(或称高层管理人员)等组成的一种组织结构,它们之间构成一种制衡关系。治理机制包括用人机制、监督机制和激励机制等。

企业应当依据《中华人民共和国公司法》和其他相关法律、法规的规定,结合企业章程和实际情况,建立规范的法人治理结构,促进企业内部控制的有效运行,为企业内部控制制度的建立和实施提供强有力的组织结构保障和工作机制保障。

企业应当根据国家有关法律、法规和企业章程,建立规范的公司治理结构和议事规则,明确决策、执行、监督等方面的职责权限,形成科学有效的职责分工和制衡机制。

按照建立现代企业制度的要求,我国法人治理结构建立也已经20多年了,一些企业已经积累了不少内部管理经验,基本业务的内部管理都有章可循,具备了一定的内控管理基础。但另有一些企业内控制度的基础仍比较薄弱,相当一部分企业对建立内控制度重视不够,有的并未建立、健全内控制度,甚至有些企业对内控制度还存在很多误解,认为内部控制就是内部成本控制、内部资产安全控制等,或者以为内部控制就是手册、文件和制度的堆积等。

更严重的是,不少企业有章不循、执行不严,使内控制度流于形式,只是将已建立的一套内控制度"写在纸上,贴在墙上"了事,而不管具体执行情况如何;在经济业务处理过程中,遇到具体问题以强调灵活性为由而不按规定程序办理,使内控制度失去了应有的刚性和严肃性;更有甚者,为了谋取个人或小团体的利益而不择手段,弄虚作假、篡改账目或搞账外账。

最令人担忧的是,在一些大中型企业中,虽然表面上都有一套健全的内部控制制度,然而在实际操作中,领导们却常常无视内控制度的存在,很多决策往往由领导一人说了算,或由领导直接委托下属进行处理,显现了对内部规范流程的忽视和漠视。在有些单位领导眼里,内控制度是对下属职员的行为控制,而对领导本人没有任何约束力,所谓"刑不上大夫"。这些领导的行为不仅破坏了内控制度效力的完整性,而且给下属员工一个很不好的示范效应,使得整个单位都没有形成一种遵守制度的良好氛围。

个别号称已经是现代化公司制的内部控制监督体系,形式上由监事会、独立董事和内审部门组成,其职责是检查、监督和评价"企业董事会、管理层和其他员工实施企业内部控制活动"的效果和效率,保证企业的正常运行,但实践证明这些企业内部控制监督也并不成功,失控案例令人心寒。

"管理失控猛于虎"。究其原因可能很多,但治理结构不明,治理机制不清,导致管理体制不顺是不容忽视的重要原因。许多企业不是没有内控制度,而是没有很好地执行内控制度。往往是企业负责人带头不执行,破坏既定的内部控制程序,导致内部控制形同虚设或只对下不对上。近些年来,大案要案层出不穷,从银行到上市公司,从央企到地方企业,一些企业接连陷入了舞弊巨亏的漩涡。企业内部管理失控很容易使"内控"变成了"内空",高管舞弊,藏污纳垢,直至把企业掏空、蛀空。我们应当警钟长鸣!

加强内部控制应当从治理结构和治理机制两个方面增加舞弊发现概率,包括关键岗位应建立强制轮换制度等。制度建设是重要的,制度不严密,就会出现"牛栏关猫"的现象,但是有了制度,更要认真地执行制度,才能真正发挥制度的作用。否则,制度就是"纸老虎"。

由此可见,公司治理结构主要包括如何配置和行使控制权;如何监督和评价董事会、经理人员和职工;如何设计和实施激励机制等,加强公司治理结构的建设,以调整若干在企业中有重大利害关系的投资者(股东和贷款人)、经理人员及职工之间的关系,并从中实现经济利益。

通常情况下,公司治理结构的基本构成包括股东(大)会、董事会、监事会和经理等。股东(大)会作为资产委托人将其财产交董事会代理,并委托监事会进行监督;作为代理者,董事会又将公司财产委托经理层管理。股东(大)会是最高权力机构,董事会是经营决策机构,经理是决策执行者,监事会是监督机构。公司治理结构是一个多层委托代理、权责分明、相互制衡和相互协调的结构。

(二) 机构设置与权责分配

企业内部机构设置与权责分配应当科学合理,应当适应企业经营管理的实际需要和外部环境的变化,有利于促进内部控制制度的有效实施。其中,设置科学的内部组织机构,可以避免机构重叠和效率低下,减少管理层级,提高管理效能;建立合理的权责分配体系,可以明确高级管理人员、各职能部门和分支机构以及基层作业单位的职责权限,将权利与责任分解到具体岗位。

企业应当根据经营目标、职能划分和管理要求,明确高级管理人员(包括董事长、董事会成员、经理、副经理、总会计师等)、各职能部门和分支机构以及基层作业单位的职责权限。通过内部管理制度汇编、员工手册、组织结构图、业务流程图、岗位描述和权限指引等适当方式,将权利与责任分解到具体岗位,使企业员工了解和掌握内部机构设置及权责分配情况,促进企业各层级员工明确职责分工、正确行使职权,并加强对权责履行的监督,为内部控制制度的有效实施创造良好条件。

一个企业的组织架构是指企业按照国家有关法律、法规,股东(大)会决议和企业章程,明确董事会、监事会、经理层和企业内部各层级机构设置、人员编制、职责权限、工作程序和相关要求的制度安排。为了促进企业实现发展战略和经营目标,防范企业组织架构设计与运行风险,优化企业治理结构、管理体制和经营机制,建立现代企业制度,企业应当根据《企业内部控制应用指引——组织架构》的规定进行机构设置与权责分配。

企业设计组织架构,应当坚持权责对等、精简高效和运转协调的原则,综合考虑企业性质、发展战略、文化理念、行业特点、经营业务、管理定位、效益情况和员工总量等因素予以确定;并且,企业组织架构应当有利于促进决策科学化和运行规范化。为此,企业至少应当关注如果治理结构形同虚设,可能会导致企业缺乏科学决策和运行机制,难以实现发展战略和经营目标等问题的产生;关注如果组织构架设计不适当,结构层次不科学,权责分配不合理,可能会导致机构重叠、职能缺位、推诿扯皮,运行效率低下等情况的发生。

企业应当根据国家有关法律、法规,结合企业自身股权关系和股权结构,明确董事会、监事会和经理层的职责权限、任职条件、议事规则和工作程序;确保决策、执行和监督相互分离、有机协调;确保董事会、监事会和经理层能够按照法律、法规和企业章程的规定行使职权。企业应当在企业章程中规定股东(大)会对董事会的授权原则,授权内容应当明确具体。

(1) 董事会对股东(大)会负责,依法行使企业的经营决策权。董事会可以根据需要设立战略、审计、提名、薪酬与考核等专门委员会,明确各专门委员会的职责权限和工作程序,为董事会科学决策提供支持。涉及企业重大利益的事项应由董事会集体决策。

(2) 监事会对股东(大)会负责,监督企业董事、经理和其他高级管理人员依法履行职责。监事会的人员和结构应当确保监事会能够独立有效地行使对董事、经理和其他高级管理人员及企业财务、内部控制的监督和检查。

(3) 经理层负责组织实施股东(大)会、董事会决议事项,主持企业的生产经营管理工作。经理层应当接受董事会、监事会的监督制约,并建立向董事会、监事会的报告制度。经理和其他高级管理人员的职责分工应当明确。

企业应当按照科学、精简和高效的原则,合理地设置企业内部经理层以下职能部门,明确各部门的职责权限和相互之间的责、权、利关系,形成各司其职、各负其责、相互协调和相互制约的工作机制。

企业在确定职权和岗位分工过程中,应当体现不相容职务相互分离的制衡要求。不相容职务通常包括:可行性研究与决策审批;决策审批与执行;执行与监督检查。对于企业重大决策、重大事项、重要人事任免及大额资金支付业务等,应当实行集体决策审批或者会签制度,任何个人不得单独进行决策或者擅自改变集体决策意见。

企业应当制作、制定并公布组织结构图、业务流程图、员工手册、岗(职)位说明书和权限指引等内部管理制度或相关文件,使企业员工了解和掌握组织架构设计及权责分配情况,促进企业各层级员工明确职责分工,正确行使职权。

企业应当建立业绩考评制度,明确董事、监事和高级管理人员的绩效评价标准与程序,并通过目标任务书等形式将业绩指标层层分解到企业内部各部门和各岗位,促进企业组织架构中各层级员工责、权、利的有效实行。

企业还应当按照国家法律、法规要求和法定程序,加强对子公司组织架构设计等相关重大事项的监督指导和管理控制,防范企业集团系统风险,优化资源配置,促进资源共享。为此,企业应当重视对子公司的监控,通过合法、有效的形式履行出资人职责、维护出资人权益,强化对子公司高级管理人员的业绩考核;要特别关注异地和境外子公司的发展战略、重大决策、重大投资和融资、重要人事任免、大额资金使用以及年度财务预算等重要风险领域。

企业组织架构设计与运行应当坚持动态调整的原则,根据发展战略、业务重点、市场环境和监管要求等因素的变化不断进行优化调整。

(三) 内部审计

1. 审计委员会

企业应当在董事会下设立审计委员会,审计委员会负责审查企业内部控制,监督内部控制的有效实施和内部控制自我评价情况,协调内部控制审计及其他相关事宜等。

审计委员会负责人应当具备相应的独立性、良好的职业操守和专业胜任能力。

在董事会下设立审计委员会的企业,应当保证审计委员会成员具备良好的职业操守、专业胜任能力和较强的独立性。企业应当赋予审计委员会监督企业内部控制制度建立和实施情况的相应职权。

审计委员会在企业内部控制制度建立和实施中承担的职责一般包

括以下内容：

（1）审核企业内部控制制度及其实施情况，并向董事会作出报告。

（2）指导企业内部审计机构的工作，监督、检查企业的内部审计制度及其实施情况。

（3）处理有关投诉与举报，督促企业建立畅通的投诉与举报途径。

（4）审核企业的财务报告及有关信息披露内容。

（5）负责内部审计与外部审计之间的沟通协调。

未设立审计委员会的企业，应当由董事会授权或者企业章程规定的有关机构承担上述职责。

2. 内部审计机构

企业应当依照有关法律、法规和企业章程，设立内部审计机构，配备与其职责要求相适应的审计人员，并保证内部审计机构具有相应的独立性。

内部审计机构在建立与实施内部控制中的主要职责包括：

（1）对建立、健全本企业内部控制提出意见和建议，并对内部控制的有效运行进行监督。

（2）根据董事会、监事会或经理层授权，具体组织实施企业内部控制自我评价的事宜。

（3）协助董事会及其审计委员会，协调内部控制审计及其他相关事宜。

建立内部审计机构，配备必要的审计人员，对关键控制程序与控制环节进行监督，是一个公司良好管理现状的表现。内部审计监督实质上就是内控，它有利于保障内部会计控制的有效性。从现代审计的要求来看，内部审计应当置于公司治理的框架之内。企业应重视从公司治理的有效性角度来研究内部控制，把内部控制作为公司治理的有机组成部分；尤其应当顺应内部审计科学发展的客观规律，在实践中推行内向型管理审计。强调确认与测试是否得到有效管理，既关注审计风险，又关注审计环境；通过风险管理的有效化，提高公司整体管理效率与效益。由于单位负责人应对本单位内部会计控制制度的建立、健全及有效实施负责,所以千万不可掉以轻心。

内部审计机构应当结合内部审计监督,对内部控制的有效性进行监督检查,内部审计机构对监督检查中发现的内部控制缺陷,应当按照企业内部审计工作程序进行报告;对监督检查中发现的内部控制重大缺陷,有权直接向董事会及其审计委员会和监事会报告。

(四) 人力资源政策

人力资源是指由企业董事、监事、高级管理人员和全体员工组成的整体团队的总称。企业应当重视人力资源建设,建立科学的人力资源管理制度,对人力资源规划与实施、激励与约束、离职等作出明确规定,充分调动整体团队的积极性、主动性和创造性,全面提升企业的核心竞争力。

人力资源政策是影响企业内部环境的关键因素。企业的人力资源政策应当科学、规范、公开和透明,有利于调动员工在内部控制和经营管理活动中的积极性、主动性和创造性。

良好的人力资源政策对内部控制制度的有效实施起着重要作用。企业应当指定和实施有利于企业可持续发展的人力资源政策。人力资源政策应当包括下列内容:

(1) 员工的聘用、培训、辞退与辞职。

(2) 员工的薪酬、考核、晋升与奖惩。

(3) 关键岗位员工的强制休假和定期岗位轮换制度。

(4) 掌握国家秘密或重要商业秘密的员工离岗的限制性规定。

(5) 有关人力资源管理的其他政策。

企业应当将职业道德素养和专业胜任能力作为选拔和聘用员工的重要标准,切实加强员工培训和继续教育,不断提升员工素质。

企业应当重视并加强员工培训,制定科学、合理的培训计划,提高培训的针对性和实效性,不断提升员工的道德素养和业务素质。

企业应当建立和完善针对各层级员工的激励约束机制,通过制定合理的目标、建立明确的标准、执行严格的考核和落实配套的奖惩,来促进员工责、权、利的有机统一和企业内部控制的有效执行。

（五）企业文化

企业文化是指企业在生产经营实践中逐步形成的、为整体团队所认同并遵守的价值观、经营理念和企业精神，以及在此基础上形成的行为规范的总称。

一个企业缺乏积极向上的价值观、诚实守信的经营理念、为社会创造财富并积极履行社会责任的企业精神，可能会导致员工丧失对企业的认同感，使人心涣散，企业缺乏竞争力。为此，企业应当采取切实有效的措施，培育具有自身特色的企业文化，引导和规范员工行为，打造主业品牌，形成整体团队的向心力，促进企业长远发展。

企业文化主要包括企业的整体价值观，高级管理人员的管理理念、经营风格与职业操守，员工的行为守则等。

1. 企业的整体价值观

企业应当加强文化建设，培育积极向上的价值观和社会责任感，倡导诚实守信、爱岗敬业、开拓创新和团队协作精神，树立现代管理理念，强化风险意识。

社会责任是指企业在发展过程中应当履行的社会职责和义务，主要包括安全生产、产品质量、环境保护与资源节约等。企业应当增强作为社会成员的责任意识，在追求自身经济效益、保证实现发展战略的同时，重视对国家和社会的贡献，自觉将短期利益与长期利益、自身发展与社会全面均衡发展相结合，切实履行社会责任。企业应当定期对社会责任履行情况进行评价，并根据评价结果，结合生产经营特点，编制社会责任报告。

2. 高级管理人员的职业操守

董事、监事、经理及其他高级管理人员应当在企业文化建设中发挥主导作用。

高级管理人员应当恪守以诚实守信为核心的职业操守，不得损害投资者、债权人、客户、员工和社会公众的利益；应当树立有利于实现企业内部控制目标的管理理念和经营风格，强化风险意识，避免因个人风险偏好可能给企业带来的不利影响和损失；应当加强对员工职业道德的宣传引导、教育培训和监督检查,为建立和实施内部控制制度、营造良好的氛围和环境;同时有责任在企业范围内培育健康向上的整体价值观,培养社会责任意识和依法经营意识,倡导爱岗敬业、进取创新、团队协作和遵纪守法精神。

上市公司高级管理人员有责任制定并完善信息披露管理制度,明确重大信息披露事项的判定标准和报告程序,确定信息披露事项的收集、汇总和披露程序,不断强化为投资者、债权人和社会公众提供真实、准确、完整的财务会计信息及依法应当披露的其他信息的法制意识和责任意识。

3. 员工的行为守则

企业应当制定员工的行为守则。员工应当遵守员工的行为守则,认真履行各自岗位职责。

企业应当根据高级管理人员、中层管理人员和一般员工的职责权限,结合不同层级人员对实现企业内部控制目标的影响程度和不同要求,分别制定适合不同层级人员的职业操守准则或者行为守则,并明确相应的监督约束机制。

企业员工都应当加强职业道德修养和业务学习,自觉遵守与企业内部控制有关的各项规定,勤勉尽责。

4. 法制教育

市场经济是法制经济,只有学法、懂法、执法、守法,才能善始、善终。企业应当加强法制教育,增强董事、监事、经理及其他高级管理人员和员工的法制观念,严格依法决策、依法办事、依法监督,建立、健全法律顾问制度和重大法律纠纷案件备案制度。

应当看到,没有文化的企业就是一个没有灵魂的躯壳。建立良好的企业文化,是企业可持续发展的重要基础。而可持续发展本身就蕴含了内部控制的约束。一个具有先进的管理理念、明确的业务发展方向、高度重视员工诚信观念、良好的工作氛围,以及充满创新活力、公平分配机制的企业,就是拥有良好企业文化的企业,就是吸引全体员工长期共同工作的大家庭。在这样的企业中,决策者与管理层高度负责,广大员工也对企业命运高度关注。

企业应当建立文化评估制度,分析总结文化在企业发展中的积极作用,研究发现不利于企业发展的文化因素,及时采取措施加以改进。企业文化评估,应当重点关注企业核心价值的员工认同感、企业品牌的社会认可度、参与企业并购重组各方文化的融合,以及员工对企业未来发展的信心。

企业通过建立文化评估制度,可以促进文化建设效果在内部各层级的有效沟通,为改进企业文化提供依据。对于文化建设中的重大问题,企业应当以适当的方式予以披露。

综上所述,内部控制与公司治理既有联系又有区别。企业内部控制与公司治理结构是两个不同的概念。公司治理结构一般是由股东(大)会、董事会、监事会和经理层等组成的用来约束经营者行为的控制制度(内部监控机制);而内部控制是由企业董事会、监事会、经理层和全体员工实施的、旨在实现控制目标的过程。

内部控制又与公司治理结构紧密联系。公司治理结构是促使内部控制有效运行、保证内部控制功能发挥的前提,是实行内部控制的制度环境;而内部控制在公司治理结构中担当的是内部管理监控系统的角色。同时,内部控制与公司治理结构都遵循相互牵制、相互制衡的原则,两者作用是相辅相成的。

在内控观念上有个误区需要纠正,即认为内部控制是针对员工而言的。事实上,内部控制是整个企业都必须遵守的,包括制定内部控制制度的最高管理当局,也必须遵守其相关内容。内部控制是否有效,与企业领导是否重视、是否带头执行有很大的关系。

二、风险评估

市场经济就是风险经济,因而风险是客观存在的。风险评估是及时识别、科学分析和评价影响企业内部控制目标实现的各种不确定因素并采取应对策略的过程,是实施内部控制的重要环节。按照《基本规范》的要求,风险评估的构成要素一般包括目标设定、风险识别、风险分析和风险应对等几个方面。

(一) 目标设定

目标设定,是指企业管理层在识别和评估实现目标的风险并采取行动来管理风险之前,采取恰当的程序去设定目标,确保所选定的目标能支持和切合企业的发展使命,并且与企业的风险承受能力相一致。

风险通常是指对实现内部控制目标可能产生负面影响的不确定性因素。风险一般具有以下几个方面的特点。

1. 风险存在的客观性和普遍性

作为损失发生的不确定性,风险是不以人的意志为转移并超越人们主观意识的客观存在,而且在项目的全寿命周期内,风险是无处不在、无时不有的。这说明为什么虽然人类一直希望认识、控制和消除风险,但直到现在也只能在有限的空间和时间内改变风险存在和发生的条件,降低其发生的频率,减少损失程度,而不能也不可能完全消除风险。

2. 某一具体风险发生的偶然性和大量风险发生的必然性

任何具体风险的发生都是诸多风险因素和其他因素共同作用的结果,是一种随机现象。个别风险事故的发生是偶然的、杂乱无章的,但经过对大量风险事故资料进行观察和统计分析后,发现其呈现出明显的运动规律,这就使人们有可能用概率统计方法及其他现代风险分析方法去计算风险发生的概率和损失程度,同时,这也导致了风险管理的迅猛发展。

3. 风险的可变性

这是指在项目实施的整个过程中,各种风险在质和量上是可以变化的。随着项目的进行,有些风险得到控制并消除,有些风险会发生并得到处理,同时在项目的每一阶段都可能产生新的风险。

4. 风险的多样性和多层次性

大型开发项目周期长、规模大、涉及范围广、风险因素数量多且种类繁杂,致使其在全寿命周期内面临的风险多种多样。而且大量风险因素之间的内在关系错综复杂,各风险因素之间与外界的交叉影响又使风险显示出多层次性。

5. 风险的扩散性和突发性

金融市场中由于金融机构是整个社会金融活动的中介,是多边信用网络上的节点。金融机构的参与,使原始的信用关系变成相互交织、相互联动的网络。金融活动不是完全独立的,其外部效应广泛存在。任何一个节点出现断裂都有可能产生连锁反应,引起其他节点波动,进而导致金融体系的局部甚至整体发生动荡和崩溃。

金融市场风险收益或损失的不确定性,不一定立即表现为现实的损失。因此风险责任人往往存有侥幸心理,尽力掩盖风险,期待市场出现转机。加之金融机构的信用创造能力,掩盖了已经出现的损失和问题。如果金融市场风险不断积累,最终会以突发的形式表现出来。

认识、分析与评估风险的重要意义在于权衡风险,从而做到知己知彼,防患于未然。只有知己知彼,方能百战百胜。

风险对企业的影响可能是十分具体的,因而风险应对措施应当具有很强的现实针对性。不同的企业、同一企业在不同的时期,以及同一企业不同的内部环境、业务层面和工作环节,都可能面临不同的风险,企业应当按照立足实际、突出重点、体现差异、适应变化的原则,有针对性地开展风险评估。

风险评估一般按照以下程序进行(见图3-1):

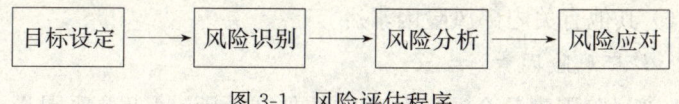

图3-1 风险评估程序

目标设定是风险识别、风险分析和风险应对的前提。企业应当按照战略目标,设定相关的经营目标、财务报告目标、合规性目标与资产安全完整性目标,并根据设定的目标,合理确定企业整体风险承受能力和具体业务层次上的可接受的风险水平。

企业应当根据设定的控制目标,全面、系统、持续地收集相关信息,结合实际情况,及时进行风险的识别与系统分析,其目的是为了合理确定风险应对策略。

(二) 风险识别

风险识别是指企业管理层从影响目标实现的内部或外部原因中识别潜在的风险事项的过程。

在进行风险识别时,企业应当在充分调研和科学分析的基础上,准确识别影响企业内部控制目标实现的内部风险因素和外部风险因素,以便确定相应的风险承受度。风险承受度是指企业能够承担的风险限度,包括整体风险承受能力和业务层面的可接受风险水平。

识别风险可以从分别从内部风险因素和外部风险因素两方面进行,两者之间既有区别也有着一定的联系。

1. 内部风险因素

内部风险因素是企业风险存在的内在原因,属于主要因素。企业应当关注的内部风险因素相当复杂多变,按照《基本规范》的归类分析要求,企业识别内部风险,应当关注下列因素:

(1) 董事、监事、经理及其他高级管理人员的职业操守、员工专业胜任能力等人力资源因素。

(2) 组织机构、经营方式、资产管理和业务流程等管理因素。

(3) 研究开发、技术投入和信息技术运用等自主创新因素。

(4) 财务状况、经营成果和现金流量等财务因素。

(5) 营运安全、员工健康和环境保护等安全环保因素

(6) 其他有关内部风险因素。

2. 外部风险因素

外部风险因素是企业风险存在的外在原因,属于重要因素。企业应当关注的内部风险因素包括方方面面,按照《基本规范》的归类分析要求,企业识别外部风险,应当关注下列因素:

(1) 经济形式、产业政策、融资环境、市场竞争和资源供给等经济因素。

(2) 法律、法规和监督要求等法律因素。

(3) 安全稳定、文化传统、社会信用、教育水平和消费者行为等社会因素。

(4) 技术进步和工艺改进等科学技术因素。
(5) 自然灾害和环境状况等自然环境因素。
(6) 其他有关外部风险因素。

企业在进行风险识别时,可以采取座谈讨论、问卷调查、案例分析和咨询专业机构意见等方法识别相关的风险因素,特别应注意总结、吸取企业过去的经验教训和同行业的经验教训,加强对高危性、多发性风险因素的分析与关注。

风险识别是风险决策的重要步骤。识别和分析损失暴露是风险决策中最重要,也是最困难的步骤。因为,对一种尚未认识到的风险暴露,显然无法有效地加以管理。但是,一旦我们能够识别风险,那么,如何以最好的方式加以管理就可能一下子变得清晰起来了。

风险识别是一项动态的、连续性的工作。这主要是因为任何事物都在变化。新科技、新产品和新道德观均可能改变原来的风险性质,也可能增加前所未有的风险。如没有连续性工作,企业难以发现自己所面临的潜在风险。风险识别作为一个管理过程,要有组织有制度,因而又是一项制度化的工作。风险识别还需要想象力和洞察力。

风险识别是风险主体逐渐认识到自身存在哪些风险的过程。风险识别技术实际上就是收集有关损失原因、危险因素及其损失暴露等方面信息的技术。风险识别所要回答的问题是:存在哪些风险;哪些风险应予以考虑;引起风险的主要原因是什么;这些风险所引起的后果及严重程度如何;风险识别的方法有哪些等。

(三) 风险分析

1. 风险分析的基本要求

风险分析是指分析和辨认实现有关目标可能发生的风险,以便确定应该如何对它们进行管理的依据。

(1) 风险分析标准。企业应当针对已识别的风险因素,从风险发生的可能性和影响程度两个方面进行分析,并确定科学合理的定性、定量分析标准。

(2) 风险排序。企业应当根据风险分析的结果,依据风险管理的重要性水平,运用专业判断,按照风险发生的可能性大小及其对企业影响的严重程度进行风险排序,确定应当重点关注的重要风险。

企业应当采用定性与定量相结合的方法,按照风险发生的可能性及其影响程度的大小等,对识别的风险进行分析和排序,确定关注重点和优先控制的风险。

由于风险分析是一项复杂而专业的工作,企业进行风险分析,应当充分吸收专业人员,组成风险分析团队,按照严格规范的程序开展工作,确保风险分析结果的准确性。

2. 风险构成三因素分析

任何风险从产生到形成损失总是有原因的,一般是由风险因素、风险事故和风险损失三个因素构成的。

(1) 风险因素。风险因素是指引起或增加风险事故的机会或扩大损失程度的条件,是事故发生的潜在原因。风险因素包括实质性风险因素、道德风险因素和心理风险因素等方面。

实质性风险因素是指增加某一标的的风险事故发生机会或扩大损失严重程度的物质条件,它是一种有形的风险因素,如汽车刹车系统失灵产生的交通事故、食物质量问题对人体的危害等。

道德风险因素是指与人的不正当社会行为相联系的一种无形的风险因素,常常表现为由于恶意行为或不良企图,故意使风险事故发生或扩大,如制造虚假会计信息、进行业务欺诈、出卖情报以及中饱私囊拿回扣等。

心理风险因素也是一种无形的风险因素,是指由于人的主观上的疏忽或过失,导致增加风险事故发生机会或扩大损失程度,如因出纳员忘记锁门而丢失现金,因记账错误而导致账户轧不平,因信用考核不严谨而出现货款拖欠等。

(2) 风险事故。风险事故又称风险事件,是引起损失的直接或外在原因,是使风险造成损失的可能性转化为现实性的媒介。也就是说,风险是通过风险事故的发生而导致损失的,如客户催讨、官司败诉和意外火灾等都是风险事故。

(3) 风险损失。风险损失是指风险事故所带来的物质上、行为上、关系上以及心理上的实际和潜在的利益丧失。损失通常是指非故意、非计划、非预期的经济价值减少的事实。

3. 风险构成四要素分析

由于风险可能导致损失，所以人们会厌恶风险。研究风险与损失之间的关系，一般应当注意四个要素，即损失主体、损失对象、损失原因和损失数量。

（1）损失主体。损失主体是解决"谁"受损失的问题，弄清可能遭受损失的个人、部门或企业，对于有的放矢进行风险管理是有意义的。

（2）损失对象。损失对象解决"是什么"的问题。正确识别损失的对象，是处理损失暴露的起点。对损失对象进行排列和分类可以有许多种方法。

一种是将损失对象分成"资产"、"收入"两类。"资产"是人们占有的价值物，而"收入"则是这种资产产生的结果。损失通常会采取减少或赔偿资产价值，减少或赔偿未来的收入，或两者兼而有之等方法。

另一种是将损失对象分成"财产及其使用"、"免除法律责任"、"个人健康或收益能力"等。

例如，一个仓库的产成品遭受盗窃，从上述第一种分类来看涉及"资产"和"收入"两方面；从上述第二种分类来看涉及"财产及其使用"等。

（3）损失原因。损失原因是解决"为什么"的问题，即直接导致或产生可能的不利结果的原因。从风险管理的角度看，这种导致损失的原因并不一定是事实上已经发生的损失原因，而是可能的损失原因，或称为潜在的损失原因。造成损失的可能原因有自然原因、人为原因和经济原因等。自然原因包括火灾、风暴、冰雹、洪水、地震、火山爆发和疾病等。人为原因包括被窃、暴动、无知、过失、不幸和欺诈等。经济原因是一种商业性原因，包括衰退、通货膨胀、消费者爱好变化、技术进步和股票暴跌等。

损失原因的划分并不是绝对的。如火灾，有时可能是因为人的失职而引起,这时火灾就是人为原因,而不是自然原因。同一种因素,在一种场合里是造成损失的直接原因,即构成损失原因;而在另一种场合下则可能不构成损失原因。

(4) 损失数量。损失数量是解决"怎么样"的问题,它是损失对象、损失原因的数量表现和合乎逻辑的结果。如果某种原因发生,给某个对象造成了负面影响,则企业将面临降低或失去一定数量的价值的损失。用理性的方法衡量这种损失的大小是风险管理中的基本问题。

损失数量的大小是判断损失严重程度的重要因素,但不是唯一的因素。除损失数量外,遭受损失的部门或单位的财务状况,也是相当重要的因素。对相同的损失数量来说,不同的单位,或同一单位在不同时期,其损失严重程度是不同的。例如,100万元损失对一个小企业来说可能是灾难性的,但对一个大型企业来说,就可能并不重要;对同一企业来说,100万元损失在其初创时期,或国家银根紧缩时期,其后果可能十分严重,但在企业发展壮大时期,或国家放松银根时,其后果可能并不显得严重。

4. 市场风险分析

风险可以按照不同的分类标志进行分类。按照风险损害的对象,可分为人身风险、财产风险、责任风险和信用风险;按照风险导致的后果,可分为纯粹风险和投机风险;按照风险的性质或发生原因,可分为自然风险、经济风险和社会风险;按照风险的起源与影响,可分为基本风险与特定风险;按照风险能否被分散,可分为可分散风险和不可分散风险等。

管理学一般将风险分为市场风险和公司风险。公司风险按其形成原因又可分为经营风险和财务风险两大类。

市场风险是一种不可分散风险,又叫系统性风险,是指因一个公司所不能控制的政治、经济、法律、税收、金融、股市、汇率和利率等因素的变动,从而给投资者带来损失的风险。由于市场风险影响到所有的证券或投资者,因此,该风险无法通过适当的证券组合而加以分散,也就是说,投资者即使持有经过适当分散的证券组合,仍然会承受这种风险。因此,对投资者来说,这种风险是无法消除的,故称为不可分散风险。市场风险是指那些对所有的公司和所有的投资者都将产生影响的因素引起的风险,其主要表现在以下几个方面。

(1) 战争、经济衰退和金融危机等宏观经济环境造成的风险。

(2) 洪灾、火灾等自然灾害的非常因素造成的不可抗拒的风险。

(3) 通货膨胀、物价飞涨等困境造成的经济风险。

(4) 国家政局变动、经济政策和财务会计政策的重大变动造成的风险。

(5) 其他对所有的公司和投资者都将产生影响的市场风险因素。

这类风险涉及所有的投资对象,不能通过多角化投资来加以分散。例如,一个人投资股票,不论买哪一种股票,他都要承担市场风险,经济衰退时各种股票的价格都会有不同程度下跌。所以,市场风险也称为整体风险、系统风险或不可分散风险。有的市场风险是可以计量的,如衡量个别股票的市场风险可以用贝他系数(β)来计量;通货膨胀可以用物价指数来计量等,但大多数市场风险目前人们还无法将其量化。

5. 公司风险分析

公司风险是一种可分散风险,又叫非系统性风险或公司特别风险,是指公司因经营上的各种原因从而给投资者造成损失的可能性。例如,某个公司盈利减少发生亏损、新产品开发失败、没有争取到重要合同、诉讼失败、卷入法律纠纷等。这类事件是随机发生的,因而可以通过多角化投资来分散,如投资股票时,如果买几种不同的股票,比只买一种风险小。

(1) 经营风险。经营风险是指因生产经营方面的原因给单位盈利带来的不确定性。比如,投资风险、信用风险和合同风险等,要求单位根据不同业务类型,建立风险评估体系和应对机制。例如,为防范合同风险,单位应建立合同起草、审批、签订、履约监督和违约应对控制措施,必要时可聘请律师参与。

公司因经营原因而导致利润发生增减变动方面的因素较多。下列情况的发生会导致公司存有经营风险。

第一,是市场对公司产品需求的变动。市场对公司产品的需求越稳定,实现目标利润的可能性越大,公司的经营风险越小;反之,市场对公司产品的需求越不稳定,实现目标利润的可能性越小,公司的经营风险越大。

第二,是产品售价的变动。产品售价波动幅度越小,实现目标利润的可能性越大,公司的经营风险越小;反之,产品售价波动幅度越大,实现目标利润的可能性越小,公司的经营风险越大。

第三,是调整产品价格能力的变动。如果生产经营成本增大时,能将产品价格相应调高,则公司实现目标利润的可能性较大,经营风险较小;反之,如果生产经营成本增大时,不能将产品价格相应调高,则公司实现目标利润的可能性较小,经营风险较大。

第四,是产品成本变动。产品成本变动较小,利润较稳定,公司的经营风险较小;反之,产品成本变动较大,利润不稳定,公司的经营风险较大。

第五,是固定成本比重的变动。在全部产品成本与成本核算中,固定成本所占比重越大,单位产品分摊到的固定成本越高。这样,在产品售价和产品销售量不变的情况下,公司的利润波动越大,经营风险越大;反之,公司的利润波动越小,经营风险越小。

经营风险是指由于生产经营方面的原因给企业盈利即企业息税前利润带来的不确定性。在市场经济中,任何企业都必然会承受这种风险。这是因为,企业生产经营的各个方面都会受企业外部环境和内部条件的影响,因而不可避免地具有不确定性。

从公司外部环境来看,产品销售市场上的供求关系会直接影响到企业产品的销售数量和销售价格,从而引起息税前利润的变化。而产品销售市场上的供求关系又受诸如宏观经济政策的变化、新的竞争对手的出现、新的替代产品的出现、消费者爱好的变化等多种因素的影响。另外,生产要素市场的变化,也会直接影响到企业的生产成本,从而引起息税前利润的变化。而生产要素市场的变化,更是受众多因素的影响。比如,原材料供应就受生产厂商、运输路线、季节变化甚至供应地的政治、经济形势等诸多因素的影响;劳动力的招聘受劳动力市场供求关系、基本工资水平等因素的影响。

从公司内部环境来看,企业经营管理水平、科技开发能力、决策正确与否、生产设备是否先进,均会影响到企业的收入和费用,进而引起息税前利润的变化。比如,公司经营管理水平不高,使得生产的产品质量不高,这一方面影响到企业产品的销售数量,另一方面又影响到销售价格,从而给息税前利润带来不利影响。再如,如果企业科技开发能力薄弱,不能及时研究和生产出被市场接受的新产品,那么必然会导致企业竞争能力减弱,盈利能力下降。

公司所面临的经营风险不仅因行业而异,而且还因同行业中的不同企业而异,就是同一企业在不同时间内所面临的经营风险也存在着差异。一般而言,从事传统产品制造的行业,其经营风险要低于从事新产品开发和制造的行业。在同行业中,经营管理水平高的企业,其经营风险要低于经营管理水平差的企业。对同一企业而言,成熟期的经营风险较低。

(2)财务风险。财务风险又称筹资风险,是指由于举债而给企业财务状况带来的不确定性。借入资金要还本付息,一旦企业无力偿付到期债务,便会陷入财务困境甚至破产。

某公司股本100万元,预测好年景时每年盈利20万元,资本报酬率为20%;预测坏年景时亏损10万元,资本报酬率为-10%。假设该公司预期今年是好年景,再借入资本100万元,利息率10%,预期可盈利40万元(200×20%),付息后的盈利为30万元,资本报酬率上升为30%,这就是负债经营带来的好处。但是,这个借款决策加大了原有的风险。如果借款后碰上的是坏年景,企业付息前亏损应当是20万元,付息1万元后亏损高达30万元,股东的资本报酬率就是-30%,这也就是负债经营带来的风险。

那么,企业应不应当借钱经营呢?应当借多少呢?那要看风险有多大,冒风险预期得到的报酬有多少,以及企业愿意还是不愿意冒风险。上述例子告诉人们,在经营得当,即在投资效益较好的情况下负债,公司的偿债能力较强,财务风险较小,经营效益较好;而在经营不善,即在投资效益不好的情况下负债,公司的偿债能力较弱,财务风险较大,经营效益较差。因此,财务风险与投资效益有关,并对经营效益产生影响。

下列情况的发生,会对公司经营效益产生影响,会造成公司的财务风险。

第一,负债资金供求情况的变动。如果负债资金的供给大于需求,获取负债资金的成本较低,则财务风险较小;如果负债资金的供给小于需求,获取负债资金的成本较高,则财务风险较大。

第二,利率水平情况的变动。如果市场的利率水平较低,获取负债资金的成本较低,则财务风险较小;如果市场的利率水平较高,获取负债资金的成本较高,则财务风险较大。

第三,公司获利能力情况的变动。如果公司获利能力较强,其偿债能力较强,则财务风险较小;如果公司获利能力较弱,其偿债能力较弱,则财务风险较大。

第四,财务杠杆利用情况的变动。在一定的偿债能力情况下,如果公司对财务杠杆利用得较多,即负债较多则财务风险较大;如果公司对财务杠杆利用得较少,即负债较少,则财务风险较小,但其享受利息免税的机会也会较少。

从负债筹资引起的股东收益的可变性来分析,负债的资金成本是相对固定的。当息税前资产利润率高于负债资金成本率时,负债资金所创造的一部分收益归投资者所有,因此,负债资金占总资金来源的比重越大,资产净利润率就越高;反之,当息税前资产利润率低于负债资金成本率时,则必须利用一部分自有资金创造的利润去支付负债利息,因此,负债资金占总资金来源的比重越大,资产净利润率就越低。所以说,财务风险是指由于负债筹资而引起的股东收益的可变性和偿债能力的不确定性。

从负债筹资引起的偿债能力的不确定性来分析,这种不确定性主要是由于借款资金必须偿付本金和利息的原因所引起的,公司借入资金越多,固定的利息支出就越多,公司丧失现金支付能力的可能性就越大。在息税前资产利润率低于负债资金利息率的情况下,公司必须用自有资金创造一部分利润去支付负债利息。更有甚者,在息税前资产利润不足以支付负债利息时,即出现亏损时,还必须动用自有资金去偿还部分乃至全部负债的本息,这势必导致财务状况恶化,甚至迫使企业破产。

由此可知,只要存在负债,就存在财务风险,就应该对财务风险进行分析与衡量。

6. 风险与收益关系分析

企业应当根据风险分析的结果,结合风险承受度,权衡风险与收益,确定风险应对策略。

风险与收益总是形影不离。高风险期望高收益,但不一定总会取得高收益。高收益来自于高风险,因为高收益中内涵着风险报酬。

企业应当合理分析和准确掌握董事、经理及其他高级管理人员、关键岗位员工的风险偏好,采取适当的控制措施,避免因个人风险偏好给企业经营带来重大损失。

企业应当根据风险分析的结果,依据风险管理的重要性水平,运用专业判断,按照风险发生的可能性大小及其对企业影响的严重程度进行风险排序,确定应当重点关注的重要风险。

风险防范是企业一项基础性、经常性工作,必要时,可设置风险评估部门或岗位,专门负责有关风险的识别、规避和控制。

7. 风险定性分析与评价

企业应当针对已识别的风险因素,根据实际情况,针对不同的风险类别确定科学合理的定性、定量分析标准。

风险定性分析与评价是指通过观察和分析,借助于经验和判断能力进行评价的一种方法。风险定性评价在实际运用中主要有检查表式综合评价法和优劣评价法等。对于定性评价来说,由于它仅是对风险的因素或后果作大小优劣的评价,同时不需要运用大量的统计资料进行复杂的运算,因而使用起来比较简单易行。

定性风险评价运用系统工程方法,可以做到按次序揭示系统、子系统存在的风险因素,因而能够做到全面、详尽。在对各种因素进行优劣排序后,可指导风险管理者依据序列,按轻重缓急进行合理恰当的安排。同时,又由于定性风险评价的灵活简便的优点,可以将其在事前评价、中间评价及事后评价各个环节中使用,并结合定量评价方法,对事件的全过程进行全面监控。例如,在事前进行定性评价,可以发现过程中的不足和缺陷,进行合理的修改和补充;在事中进行定性评价,可有效地发现运作过程中各种因素的表现及新情况、新问题的出现,并及时采取手段进行控制;进行事后定性评价,可以对事件中的风险因素进行重点把握,并进行改进和处理。

8. 风险定量分析与评价

企业风险分析是为企业经济决策服务的。企业经济决策有肯定性决策与非肯定性决策之分。肯定性决策是指在确定条件下可以取得确定经济效益的决策;非肯定性决策是指在不确定条件下,对于具有不确定性经济效益的经济行为所作的决策。企业风险定量分析模型为非肯定性决策提供依据。风险定量分析与评价方法主要有盈亏平衡分析法、敏感性分析法和概率分析法等。

风险定量分析与评价方法具有以下主要优点。

(1) 应用风险定量分析与评价方法可以促使人们全面了解经济效益的多样性。对于企业的经济行为,不仅要考虑是否有效益,而且要考虑效益的大小,以及达到各种效益水平的概率和风险的大小。这样,才能使决策建立在深思熟虑的基础上,减少企业经济行为的盲目性。

(2) 风险定量分析与评价方法可以解决某些"似是而非"的问题。在企业经济决策过程中,常常遇到一些所谓利大还是弊大的问题,而利大有多少?弊大有多少?有多少的概率把握?有多大的风险程度?诸如此类的问题都可通过定量模型进行分析并加以量化。这样,在投资行为决定之前,企业就可有较具体的把握与评价方法来减少失误,减少风险。由朦胧的定性决策到明晰的定量决断。

(3) 风险定量分析与评价方法为具有不同风险程度的经济决策提供了可比性。只看可能获得效益的多少，不考虑风险程度，很难比较两个经济行为效果的优劣。例如，不进行风险分析，就不能将石油探矿与证券投资等不同经济行为的效益进行比较，也不便将钢铁发展与电子发展进行比较。

(4) 风险定量分析与评价方法可以充分利用和集中集体智慧，将企业经济行为中设计、施工、工程和财务各方面专家的意见有效地凝聚在一起，产生出好的思想、对策或方案。

(5) 风险定量分析与评价方法使决策者模糊的、定性的感觉，转变成为清晰的、定量的认识。常常可以听到这样的说法："这项投资很不错"或"这项政策的效果是好的"。这里，"很不错"、"是好的"都是模糊的定性描述。风险定量分析与评价方法能够解决"很不错"、"是好的"究竟是有60%的推断，还是有90%把握的问题。

当然，风险定量分析与评价方法并不是"消除"风险的灵丹妙药，它只能使我们更好地了解风险、认识风险，从而提高经济决策的科学性，取得良好的经济效益。经济风险定量分析与评价方法也并不能取代其他方法，而应与其他方法结合使用，综合分析，才能取得更好效果。

9. 经济全球化与风险社会

(1) 经济全球化大大增加了风险的来源。全球化的核心内容是人员、物质、资本、信息等跨国界流动的加速以及各个国家、社会、人群相互联系和依赖的增强。这必然导致原来限于一个国家或一个地区的风险扩散到更多的国家和地区。这些风险在扩散的过程中，彼此间还可能产生互动关系，产生新的风险源。

(2) 经济全球化放大了风险的影响和潜在后果。风险影响的放大主要是通过两种渠道实现：一是相互依存的风险加深了风险后果承担者的数量；二是发达的现代通讯技术使更多的人意识到风险的潜在后果，也容易因为信息的不完整导致过度恐慌。20世纪90年代末出现的东南亚金融风暴和2007年美国次贷危机的全球性影响就是典型事件的连锁反应，同时，人们的心理恐慌还放大了风险的破坏力。

（3）经济全球化推动了全球风险意识或文化的形成。现代通讯技术的发展，克服了时间与空间对人类交往的限制，提高了不同社会下的人群对同一事件的"在场感"以及经验、认识和知识的相互交流。"地球村"就是对这种交往扩大和深化的形象描绘。风险社会中的风险是"文明的风险"，或者说是人类的风险。因此，面对共同的风险，人类有了基本的整体性共识，但全球风险意识还只是雏形。各种利益的存在割裂了全球风险意识，使之常常屈服在具体的、局部的利益之下。

（4）经济全球化呼唤并推动着风险治理机制的变革。风险来源与影响的全球化使得治理风险遇到了诸多悖论，比如：减少风险的措施可能给处于风险中的相关人员造成更大的风险；为某个社会行为者创造安全的举措可能无意识地给另一个行为者带来更大的风险；减少风险的政策可能给所有行为者带来不安全；某个团体的乐观行为可能对另一个团体产生意想不到的不安全；对一个团体的保护可能造成对所有团体的伤害。风险悖论说明了现代治理机制遇到了危机，必须进行全面改革。同时，我们也应该看到，全球化为治理机制的改革提供了有利的条件，如多元治理主体的出现，全球性共识的达成等。

从"风险"到"风险经济"，进而发展为"风险社会"，人们在追求收益和忍受痛苦中对"风险"的认识不断拓展、不断深化。我们已经生活在一个"除了冒险别无选择的社会"。风险已经成为我们生产和生活的组成部分，无处不在，无时不在。风险不仅来自于我们生活于其中的自然环境和制度环境，也来自于我们作为集体或个人作出的每个决定、每种选择以及每次行动。回想一下吧：艾滋病和 SARS 促使世人清醒地认识到信息透明和复合治理的重要性；2004 年的印度洋海啸和 2008 年四川大地震等自然灾害提醒人们要不断提高治理能力和完善治理技术；1997 年东南亚金融风暴和 2007 年美国的次贷危机一次又一次地考验着一个国家的综合治理能力。

"风险社会"作为一个概念，并不是历史分期意义上的，也不是某个具体社会和国家发展的历史阶段，而是对目前人类所处时代特征的形象描绘。在风险社会中，风险又具有以下几个日益显现的特点。

从根源上讲,风险是内生的,伴随着人类的决策与行为,是各种社会制度运行的共同结果。

在影响和后果上,风险是延展性的,其空间影响是全球性的,超越了地理边界和社会文化边界的限制;其时间影响是持续的,可以影响到后代。

在特征上,大部分风险后果严重,但发生的可能性低。因此我们可以说,尽管风险增加了,但并不意味着我们生活的世界更不安全。

在应对方法上,现有的风险计算方法和经济补偿方法都难以从根本上解决问题。要通过提高现代性的反思能力来建构应对风险的新机制。

(四) 风险应对

风险应对是指企业在评估了相关风险的可能性和后果,以及成本效益之后,选择一系列措施使剩余风险处于期望的风险容忍限度以内。企业应当根据风险分析的情况,结合风险成因、企业整体风险承受能力和具体业务层次上的可接受风险水平,确定风险应对策略。

《基本规范》要求企业应当综合运用风险规避、风险降低、风险分担和风险承受等风险应对策略,实现对风险的有效控制。

1. 风险规避

企业对超出整体风险承受能力或者具体业务层次上的可接受风险水平的风险,应当实行风险规避。也就是说,风险规避是企业对超出风险承受度的风险,通过放弃或者停止与该风险相关的业务活动来避免和减轻损失的策略。

任何经济单位对风险的对策,首先考虑到的是规避风险,凡风险所造成的损失不能由该项目可能获得的利润予以抵销时,规避风险是最可行的简单方法。规避风险例子包括:拒绝与不守信用的厂商业务往来;放弃可能明显导致亏损的投资项目;新产品在试制阶段发现诸多问题而果断停止试制。

2. 风险降低

企业对在整体风险承受能力和具体业务层次上的可接受风险水平

之内的风险,在权衡成本效益之后愿意单独采取进一步的控制措施以降低风险、提高收益或者减轻损失的,可以实行风险降低。也就是说,风险降低是企业在权衡成本效益之后,准备采取适当的控制措施降低风险或者减轻损失,将风险控制在风险承受度之内的策略。

降低或减少风险应当事先从制度、文化、决策、组织和控制上,从培育核心能力上提高企业防御风险的能力。减少风险主要包含两层意思:一是控制造成风险的因素,减少风险的发生;二是控制风险发生的频率和降低风险损害程度。

3. 风险分担

企业对在整体风险承受能力和具体业务层次上的可接受风险水平之内的风险,在权衡成本效益之后愿意借助他人力量,采取包括业务分包、购买保险等进一步的控制措施以降低风险、提高收益或者减轻损失的,可以实行风险分担。风险分担是企业将风险控制在风险承受度之内的策略。

风险分担是一种转移风险的技巧。企业以一定代价(如保险费、赢利机会、担保费和利息等),采取某种方式(如参加保险、信用担保、租赁经营、套期交易、票据贴现等),将风险损失转嫁给他人承担,以避免可能给企业带来灾难性的损失。例如,向专业性保险公司投保;采取合资、联营、增发新股、发行债券以及联合开发等措施实现风险共担;通过技术转让、特许经营、战略联盟、租赁经营和业务外包等实现风险转移。

4. 风险承受

企业对在整体风险承受能力和具体业务层次上的可接受风险水平之内的风险,在权衡成本效益之后无意采取进一步控制措施的,可以实行风险承受。也就是说,风险承受是企业对风险承受度之内的风险,在权衡成本效益之后,不准备采取控制措施降低风险或者减轻损失的策略。

风险承受就是接受风险。对于损失较小的风险,如果企业有足够的财力和能力承受风险损失时,可以采取风险自担和风险自保来自行消化风险损失。风险自担,就是风险损失发生时,直接将损失摊入成本或费用,或冲减利润;风险自保,就是企业预留一笔风险金或随着生产经营的进行,有计划地计提资产减值准备等。

上述风险应对策略中的风险规避、风险承受、风险降低和风险分担之间的关系如图 3-2 所示。

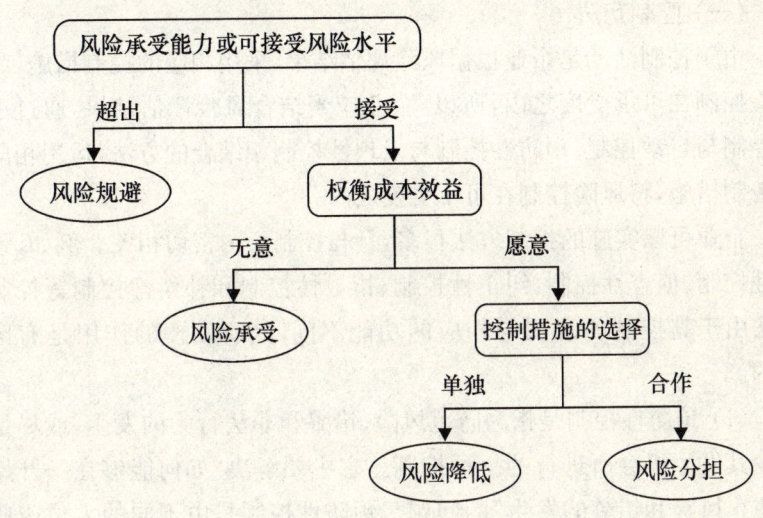

图 3-2　风险应对策略

风险应对策略与企业的具体业务或者事项相联系,不同的业务或事项可以采取不同的风险应对策略;同一业务或事项在不同的时期可以采取不同的风险应对策略;同一业务或事项在同一时期也可以综合运用风险降低和风险分担应对策略。

企业按照规定的程序和方法开展风险评估后,可以结合业务流程、风险因素、重要性水平和风险应对策略,设立风险清单,建立企业风险数据库,为持续开展和不断改进风险评估提供充分、有效的数据支持。

在考虑如何进行风险应对的过程中,管理者要考虑成本和效益,并在期望的风险容忍度内选择风险应对方案。

应当提请关注的是,风险应对是一个动态的过程,企业应当结合不同发展阶段和业务拓展情况,持续收集与风险变化相关的信息,进行风险识别和风险分析,及时调整风险应对策略。也就是说,企业应当重视风险评估的持续性,及时收集风险及与风险变化相关的各种信息,定期或者不定期地开展风险评估,适时更新、维护风险数据库。

三、控制活动

(一) 控制方法

由于控制活动是企业根据风险评估结果,采用相应的控制措施,将风险控制在可承受度之内,所以,企业应当结合风险评估结果,通过手工控制与自动控制、预防性控制与发现性控制相结合的方法,运用相应的控制措施,将风险控制在可承受度之内。

企业可以实施的控制方法很多,且与控制意图密切相关。例如,预防性控制、侦查性控制、纠正性控制、指导性控制和补偿性控制等控制方法由于其控制的意图与相应的功能不同,其所发挥的作用是有区别的。

(1) 预防性控制是指为防范风险、错弊和非法行为的发生,或尽量减少其发生机会所进行的一种控制。它主要解决"如何能够在一开始就防止风险和错弊的发生"的问题。预防性控制是由不同的人员或职能部门在履行各自职责的过程中实施的。预防性控制措施包括职责分离、授权批准等。虽然预防性控制能够在事前防止损失的发生,降低风险,但全面采取预防性控制可能是相当困难的,实践中很难做到百分之百的预防。因此,光有预防性控制是不够的,还必须有侦查性控制等。

(2) 侦查性控制是指为及时识别已存在的财务危机和已发生的错弊和非法行为或增强识别风险和发现错弊机会的能力所进行的各项控制。在缺乏完善可行的预防性控制措施的情况下,侦查性控制是一种很有效的监督工具,它主要是解决"如果风险和错弊仍然发生,如何识别"的问题。例如,通过账账核对、实物盘点,以发现记账错误和货物短缺;通过有关财务指标的分析,以识别存在的财务风险等。

(3) 纠正性控制是对那些由侦察性控制查出的问题的控制。通过实际执行的结果与设计标准的比较,对发现的差异予以适当的纠正。

(4) 指导性控制是为了实现有利结果而采取的控制。前面的预防性控制、侦察性控制和纠正性控制是为了预防、检查和纠正不利的结果，而指导性控制却是为了实现有利结果。这种控制在实现有利结果的同时，也避免了不利结果的发生。

(5) 补偿性控制是针对某些环节的不足或缺陷而采取的控制措施。之所以需要这种控制，主要是为了把风险水平限制在一定范围内。对于某个特定系统而言，分析风险水平时，必须充分考虑由于存在薄弱环节将来可能会发生的问题。一项补偿性控制可以包含多个控制措施，也就是说可把多重控制手段作为一项控制程序来看待。

实施预防性控制实质上是在进行一种事前控制，由于在行为发生之前就实施相应的控制，所以可以有效地防止财务资源在质和量上发生偏差等。指导性控制也具有某种程度上的事前控制作用。

实施侦查性控制、纠正性控制和补偿性控制实质上是在进行事中控制和事后控制，其偏重于发现性控制，由于是在财务收支活动发生过程中或结束后进行的控制，所以对发现问题、解决问题、明确责任、落实考核及相应的奖罚都可能是有益的。

(二) 控制措施

控制措施是根据风险评估结果、结合风险应对策略所采取的确保企业内部控制目标得以实现的方法和手段，是实施内部控制的具体方式。控制措施是结合企业具体业务和事项的特点与要求而制定。按照《基本规范》的要求，控制措施一般包括：不相容职务分离控制、授权审批控制、会计系统控制、财产保护控制、预算控制、运营分析控制和绩效考评控制等。

企业应当根据内部控制目标，结合风险应对策略，综合运用控制措施，对各种业务和事项实施有效控制。确保将剩余风险（指企业采取控制措施之后仍可能发生的风险）控制在可接受水平之内，以合理保证企业不出现内部控制的重大缺陷和企业内部控制目标的实现。例如，对实现财务报告真实可靠和资产安全完整控制目标有重要影响的具体业务与事项通常包括但不限于以下各项：货币资金、采购与付款、存货、对外投资、工程项目、固定资产、销售与收款、筹资、成本费用、担保、财务报表编制、信息披露、预算、合同协议、关联交易、企业合并、资产重组、衍生金融工具运用、母公司对子公司的控制、人力资源政策以及计算机信息系统等。上述业务与事项随着企业经营管理和外部环境的变化而不断发展变化。企业应当结合实际，运用各种控制方法，采取相应的控制措施，将风险控制在可承受度之内。

（三）风险预警机制

1. 预警机制的主要功能

为了有效防范和控制企业风险，《基本规范》要求企业应当建立重大风险预警机制和突发事件应急处理机制，明确风险预警标准，对可能发生的重大风险或突发事件，制定应急预案、明确责任人员和规范处置程序，确保突发事件得到及时、妥善处理。

在市场经济的条件下，企业所面临的经济环境日趋复杂多变，各式各样的风险与危机随时都会发生或出现。企业因财务危机导致经营陷入困境，甚至宣告破产的案例屡见不鲜。

任何企业危机由初步萌生到恶化，并非瞬间所致，通常都是经历了一个渐进积累和转化的过程。防微杜渐就是要求企业在日常运作中，就应对企业的运营过程的风险状况进行跟踪和监控，及早地发现危机信号，预测企业的财务失败。一旦发现某种异常征兆就应着手应变，以避免或减弱其对企业的破坏程度。对一些敏感性指标的变化情况与变化趋势，企业要注意观察，这有助于对企业危机发挥预警作用。

（1）收集信息。预警机制通过收集企业自身的各类财务和生产经营状况信息，收集与企业经营相关的产业政策、市场竞争状况信息等，并对这些信息进行归类分析，以判断企业经营状况是否异常。

（2）预知危机。预警机制具有对企业财务与经营行为进行监测、识别、诊断并发出警报的功能。经过对所收集信息的分析，当出现可能危害企业财务状况的关键因素时，预警机制能预先发出警告，提醒经营者早作准备，避免潜在的风险演变成现实的损失，起到未雨绸缪、防患于未然的作用。

(3) 控制危机。预警机制具有对企业管理失误和管理波动进行控制和纠错的功能。当企业发生潜在危机时,预警机制可以及时通过各类指标的分解寻找危机根源,使经营者有的放矢、对症下药,制定有效的应对措施。

(4) 避免危机。预警机制具有对同类、同性质的失误行为和管理波动局势进行预测和迅速识别并实施有效对策的功能。有效的预警机制不仅能及时预知和控制企业危机,还能详细地记录其发生缘由和所采取的应对措施,及时提出改进建议,以弥补企业现有经营管理上的缺失,避免类似危机再次发生。

2. 建立预警机制的主要原则

(1) 实用性。实用性原则要求企业预警机制的建立首先应基于实用性,将预警理论与企业实际紧密结合,达到对现有监督资源的最充分利用。实用性一般包含以下三方面的含义：① 成本—效益估算。实施预警机制的成本要小于其收益,否则就没有应用价值。② 机制框架设计简洁明了,能直观地反映企业经营活动的潜在危机,便于使用者理解和掌握。③ 预警信号要明确。通过信号反映出的结果应是企业经营活动过程中最敏感的问题,这样才能起到警示作用。

(2) 系统性。系统性原则要求预警机制把企业作为一个整体考虑,而不能割裂地去分析企业经营活动或财务运行中的某一个或几个方面的问题。这要求企业的各责任部门相互协调配合,使各种信息流动和工作流程形成顺畅的闭环。

(3) 预测性。预测性原则要求预警机制必须具有预测功能,能够依据企业经营活动中所形成的历史数据,分析预测未来可能发生的情况,而不是对企业过去生产经营成果的简单总结和考评。

(4) 动态性。动态性原则要求财务预警机制能实时监控企业的经营状况,分析企业的经营趋势。其主要体现为以下两个方面：① 预警机制要实现动态跟踪,反映企业的动态趋势。企业经营活动本身就是一个动态的过程,所以不能仅仅站在某一时点上去判断企业的财务状况、经营成果和现金流量等。② 预警机制自身的动态发展。构建预警机制往往采用企业过去经营活动的资料,无法充分考虑宏观经济环境和微观经济环境的影响,因此,预警机制有一定的时效性,需要不断改进,与时俱进。

(5) 及时性。

预警是一种警报,即在企业发生危机或经营失败之前及时地给予警示。这就使及时性原则要求预警机制能及时发现企业经营过程中存在的潜在问题,在及时发布预警信号的同时能果断及时地处理,使监督工作在"第一时间"到位。

3. 预警的方法

1) 定性预警方法。其特点是分析人员根据自己的经验对企业财务危机的原因进行分析,以判断财务危机发生的可能性。比较典型的有"四阶段症状分析法",即将危机区分为潜伏期、发作期、恶化期和实现期四个阶段,通过分析进行判断,如表 3-1 所示。此外,还常用专家调查法、管理评分法等。这类方法相对简单,但受分析人员的分析方法及其经验等主观因素的影响较大。

表 3-1

四阶段症状分析法

财务危机潜伏期	财务危机发作期	财务危机恶化期	财务危机实现期
销售额下降或销售额上升,利润额下降	自有资本不足或过分依赖外部资金,利息负担过重	经营者无心经营业务,专心于财务周转	负债超过资产,丧失偿付能力
企业资产流动性差	缺乏财务的预警作用	资金周转困难	宣布倒闭
资本结构不合理	债务拖延偿付	债务到期不支付	
财务信誉持续降低			
财务经营秩序混乱			

2) 定量预警方法。此方法由以下两种方法组成。

(1) 单变量判定模型法。即运用单一变量、用个别财务比率来预测财务危机的方法。其典型案例是 1966 年美国学者威廉•比弗根据对79对样本研究的结果,认为预测财务危机能力最强的比率是现金流量与总负债之比,其次是净收益与总资产之比,然后是总负债与总资产之比。二是安全率分析法,即通过分析经营安全率和资金安全率来判断企业的财务状况。其计算公式如下:

经营安全率=(现有或预计销售额-保本销售额)÷现有或预计销售额

资金安全率=资产变现率-资产负债率

资产变现率=资产变现金额÷资产账面金额

该方法是根据经营安全率、资金安全率是大于0,还是小于0来判断企业的财务状况。具体方法如表3-2所示。

表3-2

安全率分析法

安全率情况		经营安全率	
		大于0	小于0
资金安全率	大于0	经营状况、财务状况良好	财务状况良好,但经营状况已存在问题。若不能及时改善经营状况,将影响企业未来的财务状况
	小于0	经营状况良好,但财务状况已存在问题。若不能及时改善财务状况,将影响企业的经营状况	企业随时可能发生财务危机

(2)多变量判定模型法。多变量判定模型是通过建立多种财务指标,采用多变量统计分析方法,然后加权汇总产生总判别分(称为Z值,也即判别函数值),来预测公司的财务危机的方法。最初被称为"Z计分模型",由美国的爱德华·阿尔曼在20世纪60年代中期提出。阿尔曼通过收集整理大量破产企业的案例,以会计数据和市场价值的信用风险模型为基础,用以计量企业破产的可能性。其判别函数如下:

$$Z=0.012X_1+0.014X_2+0.033X_3+0.006X_4+0.999X_5$$

式中:Z——判别函数值;

X_1——(营运资金÷资产总额)×100;

X_2——(留存收益÷资产总额)×100；

X_3——(息税前利润÷资产总额)×100；

X_4——(普通股和优先股市场价值总额÷负债账面价值总额)×100；

X_5——销售收入÷资产总额。

该模型实际上是通过五种财务比率，将企业偿债能力指标(X_1,X_4)、获利能力指标(X_2,X_3)和营运能力指标(X_5)有机联系起来，综合分析预测企业财务失败或破产的可能性。一般认为，Z值越低，企业越有可能发生破产。阿尔曼还提出了判断企业破产的临界值：如果企业的Z值大于2.675，则表明企业的财务状况良好，发生破产的可能性较小；若Z值小于1.81，则表明企业存在很大的破产危险；如果Z值处于1.81~2.675之间，阿尔曼称之为"灰色地带"，进入这个区间的企业财务状况是极不稳定的。

(四) 突发事件应急处理机制

1. 及时研究突发事件产生的原因

SARS、禽流感，以及特大火灾、洪灾、泥石流、矿难、地震等突发事件的频繁发生，对受影响的企业来说有时是致命的，产品销售不出去，存货显得过多，大量资金停滞在生产、销售领域，资金周转速度缓慢，材料供应链被切断，大量应收账款收不回来，经销商、消费者纷纷要求退货等。当然也有另外一种情况，即企业的产品在突发事件的影响下，变成稀缺资源，市场需求突增，销售十分火爆，应收账款大幅度减少，大量现金流入企业。例如，2003年春突如其来的SARS把大家折腾得疲惫不堪，也把一些企业"折腾"破产了，但也"造就"了一批企业，如生产消毒液、体温计、口罩等产品的企业，这些企业抓住有利时机，扩大生产，"一夜暴富"。而SARS过后，因市场需求大幅减少，有部分企业因前期投入资金过多，又要面临着财务危机。

突发事件究其原因不外乎以下两类。

一是由于企业内部原因引起的突发事件。此类突发事件是由企业系统内部原因造成的，如企业产品质量问题、管理层严重决策失误、员工罢工、生产事故等原因引起的突发事件,给企业财务工作带来压力,会引发财务危机,而出现的财务问题也较普遍。

二是由于企业外部原因引起的突发事件。这部分突发事件是因企业外部原因造成的,如"口蹄疫"、SARS、自然灾害、战争、市场突变、国家政策法规的调整、经济形势的起落、外汇的变化、技术的变革、产业竞争格局的巨变、政治文化的变化、合作伙伴的突变等原因引起的突发事件给企业财务带来的危机。

2. 加强对突发事件的管理与监控

由于突发事件的影响结果不同,面临的财务问题也大相径庭。面对突发事件,企业更应当统一领导、统一指挥、集中力量处理好突发事件,努力促使企业转危为安。

(1) 尽快查明突发事件的原因。发生突发事件时,应该尽快查明对企业产生不利影响的原因,预测在事件进一步恶化的情况下,企业的资产与负债等项目的基本情况,弄清楚债权人、股东与供应商等各方面的损失,及早面对现实,尽快制定处理方案,配备相应的资源,该处理的尽快处理,该收缩的投资尽快收缩,需要节约的就最大限度地节约,不能心存侥幸,放任自流。

对那些由突发事件带来正面影响的企业,也要认真分析形势,抓住机遇,合理投资,不能盲目扩大投资规模,应制定切实、可行的投资计划,然后要尽快确定下一步行动方案,在投资上抢得先机,优化财务资源。

突发事件对企业不管是正面的还是反面的影响,企业都应该高度重视,采取必要的财务行动,加强财务管理,使企业能够稳定、健康发展。

(2) 及时调整突发事件下的预算管理。针对突发事件的影响,利用从销售人员、采购人员处收集得来的信息,全面修改销售预算。根据销售预算,编制特殊期的生产预算,并对收集来的信息进行全面及时的分析。根据生产预算,编制特殊期的直接人工、直接材料、制造费用和成本预算。在编制过程中,综合考虑事件的影响,编制特别现金收入、支出预算;对突发事件的发生,要预计发生的支出,并特别加以重视。

(3) 积极加强突发事件下的流动资产管理。在突发事件的特殊期,现金储备太少,制约着企业的支付能力,增加了企业的风险。若出现现金短缺情况,可能会严重影响企业的生产经营活动。所以,更要加强现金控制,提高现金利用率,加快现金回笼。同时要更加严格控制支出,尽可能在不影响商业声誉、企业形象的情况下延缓支出。

企业应当通过编制特殊期的"现金及银行存款收付日报表"等报表,及时掌握资金的占用和周转情况,每天要检查现金库存、现金结算的情况,做到心中有数。企业应采取较稳健的现金管理方式,及时反映现金使用、周转情况,防止大量非必要的需求现金停滞在生产、销售领域,以应对突发事件急需现金的需求。

特殊期的应收账款管理问题更加重要,若应收账款占销售收入的比重过大,且长期不能收回,必然使企业资金周转发生困难,资产的流动性下降,并且很有可能因对方不能及时归还货款,而使企业陷入全面危机之中。在突发事件的影响下,企业应根据业务量大小及时间等因素,对应收账款定期进行核对,有必要每天都核对,特殊情况由双方当事人签章,作为有效的对账依据;若发现差错应及时处理。企业应成立客户服务中心或者类似机构,主要负责对客户进行信用评价,对每一个客户进行分析;区分不同客户的信誉差别,结合产品市场占有率、市场需求状况及趋势变化等,合理确定每一个客户的赊销额和赊销期;多考虑突发事件的影响,由销售人员负责推销产品,由专门的收款部负责货款回收;制定相应的考核办法,由单位财务部门监督货款回收情况,以达到内部控制的目的,减少舞弊行为的发生。

在突发事件影响下,特别是在满足紧急生产需要的情况下,企业更应尽可能降低库存成本,针对不同情形,相应采取适当的库存计价方法,将不利因素影响降到最低;随时了解库存实时信息,对市场需求作相应分析,确保库存物资既能满足生产经营需要,又不会发生短缺。

(4) 突发事件下的投资管理要慎而又慎。突发事件有可能给企业带来销售剧增、产品供不应求、大量现金流入、应收账款大幅度减少、出现良好的财务状况等情形。而此时面临机遇,企业要进一步扩大生产,增加生产设备、人员和厂房等资源。但这时风险也会随之而来,在突发事件的影响下,市场投资处于不确定状态之中,企业应怎样投资才能获得收益,这是一个财务难题。企业要在分析当前环境、形势与突发事件影响期长短,以及投资风险的大小,考虑企业的承受力的前提下确立投资目标,并从备选方案中选出一个符合当前、未来情况的最优方案。在市场不确定因素的影响下,企业必须了解、平衡、限定各方面的风险,将各种投资方案详尽地提供给决策层。由于突发事件的影响期具有不确定性,所以在投资方案的执行过程中,要及时根据市场变化,调整、修正投资方案,而不能盲目死板地执行投资方案。

(5)积极协调突发事件下的各种财务关系。突发事件的发生,往往引起财务关系紧张,这是由财务关系的社会属性所决定的。

面对突发事件的发生,企业应尽快梳理其财务关系,搞清楚自己与债权人、股东、投资人、银行、税务部门以及客户等之间的关系,考虑怎样合理地利用这些关系,以助企业摆脱困境。企业应争取维持生存的环境,将财务关系梳理清楚,做好后防线。

四、信息与沟通

随着经济全球化,世界各国和地区之间的政治、经济、文化交往日益频繁,组织与组织之间的联系越来越广泛,组织内部各部门之间的联系越来越多,以致信息量猛增。为了提高企业财务管理的效率,合理地收集、整理、分析、预测和监督企业信息,实现企业管理信息化显得越来越重要了。按照《基本规范》的要求,信息与沟通的构成要素一般包括建立信息与沟通制度,提高信息的有用性,及时沟通与反馈信息,开发利用信息技术以及建立反舞弊机制等几个方面。

(一)建立信息与沟通制度

信息与沟通是指及时、准确和完整地收集与企业经营管理相关的各种信息,并使这些信息以适当的方式在企业有关层级之间进行及时传递、有效沟通和正确应用的过程。

企业应当建立有效的信息收集系统和信息沟通渠道，确保影响内部环境、进行风险评估、运用控制措施、实施监督检查等各方面信息有效传递，促进企业董事会、管理层和员工正确履行相应的职责。

《基本规范》第三十八条指出："企业应当建立信息与沟通制度，明确内部控制相关信息的收集、处理和传递程序，确保信息及时沟通，促进内部控制有效运行。"

财务信息管理是运用现代信息技术和管理手段，对企业财务信息进行收集、整理、分析、预测和监督的活动。财务信息管理是企业财务管理的基础和要素之一，具有涉及面广、综合性强等特点，它贯穿企业财务管理的全过程。其实质是全面实现财务、业务流程数字化和网络化，通过各种信息系统网络加工生成新的财务信息资源，对企业物流、资金流、信息流进行一体化的管理和集成运作，以提高企业整体决策能力和竞争能力。

财务业务一体化信息处理系统集成了固定资产管理、采购管理、销售管理、存货管理等财务管理功能，并包含了对成本控制和人力资源管理的部分内容。它随着企业需求的不断发展而逐步完善，可以跨部门使用，实现购、销、存业务与财务的一体化管理，使企业各种经济活动信息充分共享，消除信息"孤岛"现象。因此，系统对企业加强采购环节的资金控制、减少库存，加强对企业应收账款的管理、减少坏账损失、强化预算控制以及加强企业的资产管理等，都可发挥重要的作用。

企业资源计划系统（Enterprise Resource Planning，简称 ERP）是当今国际上先进的企业管理思想与先进的信息技术相结合的产物，是企业信息系统发展的最新成就。它的基本思想是将企业的运营流程看作是一个紧密连接的供应链，包括供应商、制造工厂、分销网络和客户；将企业内部划分为几个相互协同作业的支持子系统，如财务、制造、分销、质量控制和人力资源等，在先进的信息技术基础上，各子系统之间实现高度数据共享和无缝集成。在技术水平上，ERP 系统采用了计算机和网络技术发展的最新成就。它除了使用面向对象技术、分布式数据处理系统等已经被普遍使用的技术外，还要实现更为开放的不同平台相互操作,采用适用于网络技术的编程软件,以适应网络时代信息技术不断发展的需要。所以,ERP既是一种先进的管理思想,又是一种融合了企业最佳实践和先进信息技术的新型管理工具。

(二)提高信息的有用性

企业应当对收集的各种内部信息和外部信息进行合理筛选、核对、整合,提高信息的有用性。

一是企业内部信息,主要包括财务会计信息、生产经营信息、资本运作信息、人员变动信息、技术创新信息和综合管理信息等。

企业可以通过财务会计资料、经营管理资料、调研报告、专项信息、内部刊物、办公网络等渠道,获取内部信息。

二是企业外部信息,主要包括政策和法规信息、经济形势信息、监管要求信息、市场竞争信息、行业动态信息、客户信用信息、社会文化信息以及科技进步信息等。

企业可以通过行业协会组织、社会中介机构、业务往来单位、市场调查、来信来访、网络媒体以及有关监管部门等渠道,获取外部信息。

(三)及时沟通与反馈信息

《基本规范》第四十条指出:"企业应当将内部控制相关信息在企业内部各管理级次、责任单位、业务环节之间,以及企业与外部投资者、债权人、客户、供应商、中介机构和监管部门等有关方面之间进行沟通和反馈。信息沟通过程中发现的问题,应当及时报告并加以解决。

重要信息应当及时传递给董事会、监事会和经理层。"

企业收集的信息应当真实、准确、完整、及时和相关。企业应当准确识别、全面收集来源于企业外部及内部、与企业经营管理相关的财务及非财务信息,为内部控制的有效运行提供信息支持。

《基本规范》强化了信息的外部沟通。要求企业应当规范信息沟通的渠道、方式和程序,促进与内部控制相关的信息在企业内部各管理层级、责任单位、业务环节之间,以及促进企业与外部投资者、债权人、客户、供应商、中介机构和监管部门等有关方面之间的沟通和反馈。

外部沟通可以重点关注以下几个方面。

1. 与投资者的沟通

企业应当根据《中华人民共和国公司法》、《中华人民共和国证券法》等法律、法规和企业章程的规定,通过股东大会、投资者会议、定向信息报告等方式,及时向投资者报告企业的战略规划、经营方针、投资和融资计划、年度预算、经营成果、财务状况、利润分配方案以及重大担保、合并分立、资产重组等方面的信息,听取投资者的意见和要求,妥善处理企业与投资者之间的关系。

2. 与客户的沟通

企业可以通过客户座谈会、走访客户等多种形式,定期听取客户对消费偏好、销售政策、产品质量、售后服务以及货款结算等方面的意见和建议,收集客户需求信息和意见,妥善解决可能存在的控制不当问题。

3. 与供应商的沟通

企业可以通过供需见面会、订货会、业务洽谈会等多种形式与供应商就供货渠道、产品质量、技术性能、交易价格、信用政策和结算方式等问题进行沟通,及时发现可能存在的控制不当问题。

4. 与监管机构的沟通

企业应当及时向监管机构了解监管政策和监管要求及其变化,并相应完善自身的管理制度;同时,企业应认真了解自身存在的问题,积极反映诉求和建议,努力加强与监管机构的协调。

5. 与外部审计师的沟通

企业应当定期与外部审计师会晤,听取外部审计师有关财务报表审计、内部控制等方面的建议,以保证内部控制制度的有效运行及双方工作的协调。

6. 与律师的沟通

企业可以根据法定要求和实际需要,聘请律师参与有关重大业务、项目和法律纠纷的处理,并保持与律师的有效沟通。

【案例分析与点评】

是谁造就了最愚蠢行为?

案例简介

2008年9月15日上午10点,拥有158年历史的美国第四大投资银行雷曼兄弟公司向法院申请破产保护,消息瞬间通过电视、广播和网络传遍地球的各个角落。令人匪夷所思的是,在如此明朗的情况下,德国国家发展银行10分钟之后居然按照外汇掉期协议,通过计算机自动付款系统向雷曼兄弟公司即将冻结的银行账户转入了3亿欧元,令德国社会大为震惊,是谁造就了最愚蠢的行为?

几天后,一份报告显示了该银行人员在这10分钟内忙了些什么:

首席执行官乌尔里奇·施罗德:我知道今天要按照协议预先的约定转账,至于是否撤销这笔巨额交易,应该让董事会开会讨论决定。

董事长保卢斯:我们还没有得到风险评估报告,无法及时作出正确的决策。

董事会秘书史里芬:我打电话给国际业务部催要风险评估报告,可那里总是占线,我想还是隔一会儿再打吧。

负责处理与雷曼兄弟公司业务的高级经理希特霍芬:我让文员上网浏览新闻,一旦有雷曼兄弟公司的消息就立即报告,现在我要去休息室喝咖啡了。

……

10:10分,仅仅是10分钟,德国国家发展银行便发生了这件天下奇闻——"德国最愚蠢的银行"!

案例点评

德国经济评论家哈恩说,在这家银行,没有一个人是愚蠢的,可悲的是,几乎在同一时间,每个人都开了点小差,加在一起的结果就创造出了"德国最愚蠢的银行"。

从内部控制的角度来看,导致这一系列"最愚蠢行为"的发生,根源在于该银行对风险控制的认识。雷曼兄弟公司的事件在次贷危机中世人皆知,早有耳闻,如果该银行的高管们对风险多留一点心,不至于会如此"愚蠢"。同时,这个事件的发生也暴露出该银行信息系统的迟钝。信息沟通不及时,不有效,往往会导致"愚蠢行为"的产生,不仅会"后患无穷",而且"亡羊补牢,为时已晚矣"!

(四)开发利用信息技术

企业应当利用信息技术促进信息的集成与共享,充分发挥信息技术在信息与沟通中的作用。

企业可以结合经营特点,优化业务流程,建立财务和业务一体化的信息处理系统,逐步实现财务、业务相关信息一次性处理和实时共享。

企业应当努力推动财务与各项业务协同运作,促使企业物流、资金流、信息流的有效整合,使管理者可以全面地了解企业的经营状况,提高管理水平

企业还应当加强对信息系统的开发和维护、访问与变更、数据输入与输出、文件储存与保管、网络安全等方面的控制,保证信息系统安全、稳定运行。

(五)建立反舞弊机制

《基本规范》第四十二条要求:"企业应当建立反舞弊机制,坚持惩防并举,重在预防的原则,明确反舞弊工作的重点领域、关键环节和有关机构在反舞弊工作中的职责权限,规范舞弊案件的举报、调查、处理、报告和补救程序。"

有效的反舞弊机制是企业防范恶意舞弊、优化内部环境的重要制度安排。企业应当建立、健全反舞弊机制,明确有关部门在反舞弊工作中的职责权限和协调机制,规范反舞弊调查处理程序,建立情况通报制度,及时防范因舞弊而导致内部控制措施失效、影响内部控制目标实现的风险。

企业至少应当将下列情形作为反舞弊工作的重点:

(1)未经授权或者采取其他不法方式侵占、挪用企业资产,牟取不当利益。

(2) 在财务报告和信息披露等方面存在虚假记载、误导性陈述或者重大遗漏等。

(3) 董事、监事、经理及其他高级管理人员滥用职权。

(4) 相关机构或人员串通舞弊。

《基本规范》第四十三条要求:"企业应当建立举报投诉制度和举报人保护制度,设置举报专线,明确举报投诉处理程序、办理时限和办理要求,确保举报、投诉成为企业有效掌握信息的重要途径。

举报投诉制度和举报人保护制度应当及时传达至全体员工。"

五、内部监督

内部监督是指企业对其内部控制制度的健全性、合理性和有效性进行监督检查与评估,形成书面检查报告并作出相应处理的过程。企业应当利用信息与沟通情况,提高内部监督工作的针对性和时效性;同时,通过实施监督检查,不断提高信息与沟通的质量和效率。

按照《基本规范》的要求,内部监督的构成要素一般包括内部控制监督制度、内部控制缺陷认定标准、进行内部控制自我评价等几个方面。

(一) 内部控制监督制度

实施对企业内部控制的监督制度是防止内部控制制度"徒有虚名"和"走过场"的有效措施。企业应当根据《基本规范》的要求及其配套实施方法,制定内部控制监督制度,明确内部审计机构(或经授权的其他监督机构)和其他内部机构在内部监督中的职责权限,规范内部监督的程序、方法和要求。

内部控制监督一般可以分为日常监督和专项监督两个方面。

日常监督是指企业对建立与实施内部控制的情况进行常规、持续的监督检查。持续性监督检查具有连续的、全面的、系统的特征。

专项监督是指在企业发展战略、组织结构、经营活动、业务流程和关键岗位员工等发生较大调整或变化的情况下,对内部控制的某一或者某些方面进行有针对性的监督检查。专项监督的范围和频率应当根据风险评估结果以及日常监督的有效性等予以确定。专项监督具有不定期的、专门的、有针对性的特征。

日常监督和专项监督（或称为持续性监督检查和专项监督检查）应当有机结合，互相补充。

企业董事会所属审计委员会、内部审计机构或者实际履行内部控制监督职责的其他有关机构，应当根据国家法律、法规要求和企业授权，采取适当的程序和方法，对内部控制制度的建立与实施情况进行监督检查，形成检查结论并出具书面检查报告。履行内部控制监督检查职责的机构，应当加强队伍职业道德建设和业务能力建设，不断提高监督检查工作的质量和效率，树立并增强监督检查的权威性。

（二）内部控制缺陷认定标准

《基本规范》第四十五条要求："企业应当制定内部控制缺陷认定标准，对监督过程中发现的内部控制缺陷，应当分析缺陷的性质和产生的原因，提出整改方案，采取适当的形式及时向董事会、监事会或者经理层报告。

内部控制缺陷包括设计缺陷和运行缺陷。企业应当跟踪内部控制缺陷整改情况，并就内部监督中发现的重大缺陷，追究相关责任单位或者责任人的责任。"

内部控制缺陷是指内部控制制度的设计存在漏洞、不能有效防范错误与舞弊，或者内部控制制度的运行存在弱点和偏差、不能及时发现并纠正错误与舞弊的情形。企业对在监督检查过程中发现的内部控制缺陷，应当采取适当的形式及时进行报告。同时，应当分析内部控制缺陷产生的原因，并有针对性地提出改进意见，不断健全和完善企业内部控制制度。

内部控制重大缺陷是指业已发现的内部控制缺陷可能严重影响财务报告的真实、可靠和资产的安全、完整。对于监督检查中发现的重大缺陷或者重大风险，应当及时向董事长和经理汇报。

企业应当结合其内部控制制度，对在监督检查中发现的违反内部控制制度规定的行为，及时通报情况和反馈信息，并严格追究相关责任人的责任,维护内部控制制度的严肃性和权威性。

(三)进行内部控制自我评价

《基本规范》第四十六条要求:"企业应结合内部监督情况,定期对内部控制的有效性进行自我评价,出具内部控制自我评价报告。"

企业实施内部控制评价一般包括对内部控制设计有效性和运行有效性的评价。内部控制设计有效性是指为实现控制目标所必需的内部控制要素都存在并且设计恰当;内部控制运行有效性是指现有内部控制按照规定程序得到了正确执行。

内部控制自我评价的方式、范围、程序和频率,由企业根据经营业务调整、经营环境变化、业务发展状况和实际风险水平等自行确定。

企业应当以书面或者其他适当形式,妥善保存内部控制制度建立与实施过程中的相关记录或者资料,确保内部控制制度建立与实施过程的可验证性。

为了规范企业内部控制评价工作,及时发现企业内部控制缺陷,提出和实施改进方案,确保内部控制制度的有效运行,企业如何有效地开展内部控制自我评价应当符合《企业内部控制评价指引》的具体规定,可详见本书第六章的具体介绍。

【案例分析与点评】

加强内部控制监督刻不容缓

案例简介

A股份有限公司(以下简称A公司)系B大型国有企业集团公司(以下简称B公司)的境外控股公司,成立于199X年,注册地和经营地均在C国,并在C国证券交易所主板上市。2004年11月30日,A公司突然向C国证券交易所申请停牌,并于次日发布公告称,A公司在某能源品种的期权交易中遭受重创,累计损失5亿多美元。这一消息,震惊了国内外。B公司迅速派出调查组,对A公司内部控制与风险管

理等进行全面调查。经过调查,发现了以下情况:

(1) 2002年8月,A公司在其总经理甲的策划和推动下,开始从事能源品种期权交易。由于A公司自成立以来一直从事能源采购业务,包括总经理甲及期权交易员在内的多数员工对期权交易业务缺乏基本常识。A公司董事会曾通过其他渠道得知本公司在从事期权交易,但未采取有效措施予以制止。

(2) 2002年10月,为加强对A公司的财务监督,B公司尝试向A公司委派财务部经理,A公司董事长(由B公司总经理兼任,由于一直在国内工作,于是将A公司的经营管理业务授权A公司总经理甲全权负责)对此表示同意。但A公司总经理甲坚持从当地聘用财务部经理,并先后将B公司委派的两任财务部经理调任他职。此后,B公司放弃了委派财务部经理的努力。

(3) 2003年7月,面对能源价格持续攀升的走势,在未对能源市场作出全面、冷静分析的情况下,总经理甲仍主观认定能源价格将发生逆转,并授意交易员进行了看跌期权交易,导致A公司发生较大损失。在随后的近一年中,能源价格继续大幅上涨。为扭转颓势,总经理甲仍抱着侥幸心理坚持进行看跌期权交易,并进一步加大了交易量。为了满足不断增加的交易量对交易保证金的需求,总经理甲授意公司财务部将董事会明确规定有其他用途的3亿多美元贷款用以支付交易保证金。总经理甲对上述期权交易行为和改变贷款用途的行为,未向董事会报告;同时,对期权交易发生的损失,也未在公司财务报表中予以反映和披露。

(4) 2004年8月,尽管已在期权交易中遭受巨大损失,但总经理甲仍在公开场合表示A公司收入稳定,经营状况和财务状况良好。

(5) 根据A公司《风险管理手册》的规定,A公司的期权交易业务,实行交易员—风险管理委员会—审计部—总经理—董事会层层上报、交叉控制制度。同时规定,损失20万美元以上的每一笔交易要提交风险管理委员会评估,任何将导致50万美元以上损失的交易将强制平仓(即了结期权交易行为)。《风险管理手册》中还明确规定公司的止损限额是每年500万美元。但是,交易员没有遵守交易限额规定和平仓规定,风险管理委员会也没有进行任何必要的风险评估,审计部因直接受命于总经理而选择了附和,总经理甲为挽回损失一错再错,董事会对期权交易盈亏情况始终不知情。

案例分析点评

(一) A公司内部控制与监督存在着严重缺陷

1. 从控制环境分析

(1) 董事会软弱无力,没有履行好对经理层的监管职责,没能及时掌握经营管理中的重大信息。

(2) 总经理甲经营风格过于冒进,风险意识十分淡薄,在并不熟悉期权业务的情况下,贸然从事这一高风险业务。

(3) 总经理甲在诚信和道德价值观方面存在严重问题,为回避B公司进行的财务监督而随意调换B公司委派的财务部经理,并向社会发布失实信息,欺骗投资者。

(4) 执行期权业务的交易员不具备应有的专业胜任能力,不掌握期权交易的基本常识。

(5) 公司风险管理、财务、审计等部门的员工在职业道德、业务能力等方面均存在不足,在本职工作中未能勤勉尽责。

(6) 公司组织结构设计存在薄弱环节,董事长长期在国内工作,对重大经营管理信息没有能及时掌握,导致对公司重大决策的失察。

2. 从风险评估分析

(1) 公司管理层未对从事期权交易业务的风险进行正确的评估,在能源市场价格持续攀升的情况下,未对能源市场发展态势进行科学、全面的分析,且没有认识到主观坚持看跌行情并进行看跌交易的巨大风险和严重后果。

(2) 公司风险管理部门和人员对期权交易既未履行风险评估职责,也未履行风险提示、预警和报告职责。

(3) 风险应对措施乏力,在期权交易业务开始出现较大损失的情况下,没有采取平仓等果断有力的措施将损失控制在可承受范围内,而是通过错误的交易进一步加大了风险和损失。

（4）公司财务部门未能及时评估、预警和报告填补期权交易保证金窟窿可能引发的巨大财务风险，导致公司财务状况不断恶化。

3. 从控制活动分析

（1）授权批准严重不当，远在国内的董事长授权总经理全权负责经营管理事务，导致对总经理监管的失控。

（2）对期权交易员交易行为的复核、评估和审计缺位，导致交易员超越授权范围连续进行错误交易。

（3）对重大货币资金支付的控制薄弱，导致董事会明确规定有其他用途的贷款被挪作期权交易保证金。

（4）会计系统控制失效，期权交易损失未被真实、完整地确认、计量、报告和披露。

（5）内部审计控制失效，没有及时揭露期权交易中的错误行为和重大损失。

（6）人员素质控制失败，交易员、风险管理人员、内部审计人员道德素养和专业素质存在缺陷。

4. 从信息与沟通分析

（1）公司内部没有建立、形成一个畅通的信息收集、报告和反馈机制。

（2）董事会与风险管理委员会、经理层和审计部之间没有进行良好沟通。

（3）董事会、董事长获取信息能力较弱，长期受经理层蒙蔽，没能及时掌握经营管理中的重大信息。

5. 从内部监督分析

公司缺乏对内部控制制度执行情况的个别评价和持续监控，导致内部控制制度在实践中没有得到有效执行。

（二）B公司应当采取以下措施加强对境外控股公司的控制

（1）健全境外控股公司组织结构，明确高层管理人员职责权限，建立董事会与经理层、董事长与总经理之间的权力制衡机制，充分发挥董事会下属专业委员会的作用。

（2）建立对境外控股公司高层管理人员的科学选拔任用机制和严格的监督检查机制、定期述职机制与业绩考核机制，严明纪律，严格奖惩。

（3）加强对境外控股公司的审计监督，建立母公司对控股子公司定期或不定期的直接审计制度。

（4）加强对境外控股公司所有员工的法制教育、职业道德建设和专业胜任能力建设，不断提高法制意识、道德水平和执业技能。

（5）建立与境外控股公司快捷、通畅的联系机制和信息沟通渠道，通过调动控股公司各层级人员的积极性，及时掌握控股公司经营管理中的重大信息和异常情况。

第四讲　企业内部控制基本措施

一、不相容职务分离控制

(一) 不相容职务控制的含义

所谓不相容职务是指那些如果由一个人担任既可能发生错误和舞弊行为,又可能掩盖其错误和舞弊行为的职务。不相容职务主要是指授权批准、业务经办、会计记录、财产保管和稽核检查等职务。不相容职务主要内容包括:授权批准与业务经办、业务经办与会计记录、会计记录与财产保管、业务经办与稽核检查、授权批准与监督检查等。企业应当根据各项经济业务与事项的流程和特点,系统、完整地分析和梳理执行该经济业务与事项所涉及的不相容职务,并结合岗位职责分工采取分离措施。有条件的企业,可以借助计算机信息技术系统,通过权限设定等方式自动实现不相容职务的相互分离。

不相容职务分离控制要求企业全面、系统地分析和梳理业务流程中所涉及的不相容职务,实施相应的分离措施,形成各司其职、各负其责、相互制约的工作机制。

对于不相容的职务如果不实行相互分离的措施,就容易发生舞弊等行为。例如,物资采购业务,批准进行采购与直接办理采购即属于不相容的职务,如果这两个职务由同一个人担当,即出现该员工既有权决定采购什么,采购多少;又可以决定采购价格、采购时间等情况,如果没有其他岗位或人员的监督制约,就容易发生舞弊行为。又如,一个会计人员既保管支票印章,又负责签发支票;既记录支票登记簿,又登记银行存款日记账;既负责编制会计凭证,又负责企业与银行之间账目的审核与对账等工作;如此等等。这就完全不符合不相容职务相互分离的控制原则,很有可能会导致舞弊行为的发生。

(二) 不相容职务分离的核心要求

不相容职务分离的核心是"内部牵制",因此,单位在设计、建立内部控制制度时,首先应确定哪些岗位和职务是不相容的;其次要明确规定各个机构和岗位的职责权限,使不相容岗位和职务之间能够相互监督、相互制约,形成有效的制衡机制。

不相容职务相互分离控制实质上是组织规划控制在会计内部控制中的应用。职责分工控制要求根据企业目标和职能任务,按照科学、精简、高效的原则,合理设置职能部门和工作岗位,明确各部门、各岗位的职责权限,形成各司其职、各负其责、便于考核和相互制约的工作机制。

企业应当结合岗位特点和重要程度,建立规范的岗位轮换制度,防范并及时发现岗位职责履行过程中可能存在的重要风险,以强化职责分工控制的有效性。例如,企业应当明确财务等关键岗位员工轮岗的期限和有关要求。对出纳等关键岗位的员工,可以实行强制休假制度,并保证在最长不超过 5 年的时间内进行岗位轮换,促进监督制约机制的有效实施和员工素质的全面发展。

由于不相容职务是指那些如果由一个人担任既可能发生错误和舞弊,又可能掩盖其错误和舞弊行为的职务,所以,内控制度强调要实行职务分离控制;又由于要增加发现舞弊的概率,所以内控制度强调关键岗位应建立强制轮换制度也是很重要的。如果领导、员工离岗时的工作交接受到他人监督,那么其实施并掩盖舞弊的机会将会大大减少。现实中有不少挪用或贪污公款等舞弊现象都是在工作交接时被发现的。美国货币管理局要求全美的银行雇员每年休假一周,在雇员休假期间,安排其他人员接替做他的工作,其意图就是防止和发现雇员可能存在的舞弊。通过强制岗位轮换,或者带薪休假,舞弊被发现的概率会大大增加,相应地,员工舞弊的动机则会大大减弱。因此,对我国企业来说,非常有必要对财务岗位、领导岗位建立强制轮换和带薪休假制度。

当然,职务分离和岗位轮换制度都是为了加强内部牵制,但不能因此而片面地理解内部控制就是内部牵制。事实上,内部牵制是内部控制的最初表现形式,内部牵制确实还是现代内部控制的重要方法和原则之一,是组织机构控制、职务分离控制的基础。但是,现代内部控制不仅仅是内部牵制,还包括预算控制、资产保护控制、人员素质控制、风险控制、内部报告控制、电子信息系统控制和内部审计控制等,而这些都不是内部牵制所能涵盖的。

(三)不相容职务检查的主要内容

基于不相容职务分离的原则,企业在组织机构设置中,应考虑设计自动检查和平衡的功能,其检查要求是:

(1)每类经济业务的发生与完成,不论是简单还是复杂,必须经过两个或两个以上的部门或人员,并保证在业务循环中由有关部门和有关人员之间进行检查与核对。如果企业没有适当职务分离,则发生错误和舞弊的可能性更大。例如,一项支票业务的签发必须经过不同部门或人员,如支票申领人、同意支票签发人、签发支票人、支票核对人、支票盖章人、支票记录人等,并保证在该业务循环中由有关部门之间相互进行检查与制约。实践证明,对以下五种职务的分工进行监督检查,有利于随时发现各种错弊等情况:① 授权批准职务与执行业务职务相分离。② 执行业务职务与监督审核职务相分离。③ 执行业务职务与会计记录职务相分离。④ 财产保管职务与会计记录职务相分离。⑤ 执行业务职务与财产保管职务相分离。例如,在企业的某项资产管理中,资产的保管、资产的记录、资产的保管与记录之间核对检查的三项职务就是不相容职务,应当实行分离。当然,不相容职务分离这项控制需要各个职务分离的员工各守其责,如果担任不相容职务的职工之间相互串通勾结,则不相容职务分离的作用会消失殆尽。

总之,对一项经济业务处理的全过程检查应当注意其各个步骤是否分派给不同的部门和人员来负责,用以防止一人包办到底的情况发生。

(2)在每项经济业务检查中,检查者不应从属于被检查者领导,以保证检查出的问题不被掩盖,并及时得到纠正。例如,保管材料的仓库保管员在没有及时取得符合质量和数量要求的材料时,可能向上级领导反映,以便引起管理部门的重视。如果其上级是采购员,则反映结果往往会引起采购员的不满甚至抵制;同样,如果销售经理的上级是主管制造的副总经理,则销售经理一旦因产品质量问题引起顾客不满而向上反映时,质量问题往往会被其上级所掩饰。

(3)权力与职责应当明确地授予具体的部门和人员,并尽可能给予有关部门与人员一定的自主权,以便为组织内部的全部经济活动的各个岗位规定明确的经济责任。这种权力与职责通常应当以书面文件的形式加以规定。如果有责无权,内部控制的职责就会无法落实,这种情形应当被及时发现和及时纠正。

(四)不相容职务分离控制的主要目的

职务分离控制是指对处理某种经济业务所涉及的职责分派给不同的人员,使每个人的工作都是对其他有关人员的工作的一种自动检查。

职务分离的主要目的是预防和及时发现职工在履行职责过程中产生错误和舞弊行为。

从控制的观点看,如果一位负有多项责任的人员在其正常的工作过程中会发生错误或舞弊行为,并且内部控制制度又难以发现这些错误或舞弊行为,那么就可以肯定他所兼任的职务是不相容的。对于不相容职务必须进行分离,包括组织机构之间的分离和组织机构内部有关人员之间的分离。为此,职务分离控制要求做到如下几点:

(1)任何业务尤其是货币资金收支业务的全过程,不能由某一个岗位或某一个人包办。

(2)经济业务的责任转移环节不能由某一个岗位单独办理。

(3)某一岗位履行职责情况绝不能由其自己说了算。

(4)财务等重要权力的行使必须接受定期独立的审查。

二、授权审批控制

(一)授权批准的含义

授权是指授予对某一大类业务或某项具体业务的决策作出决定的

权力。

授权批准是指单位在办理各项经济业务时，必须经过规定授权批准的程序。

授权审批控制要求企业根据常规授权和特别授权的规定，明确各岗位办理业务和事项的权限范围、审批程序和相应责任等内容。

授权审批控制在日常工作中主要表现为审核批准制度，即要求企业各部门、各岗位按照规定的授权和程序，对相关经济业务和事项的真实性、合规性、合理性以及有关资料的完整性进行复核与审查，通过签署意见并签字或者签章，作出批准、不予批准或者其他处理的决定。为此，企业应当编制常规授权的权限指引，规范特别授权范围、权限、程序和责任，严格控制特别授权。企业各级管理人员应当在授权范围内行使职权和承担责任。

（二）授权批准的形式

授权批准形式通常有常规授权和特别授权之分。

1. 常规授权

常规授权（又称一般授权）是指企业在日常经营管理活动中按照既定的职责和程序进行的授权。

常规授权是对办理常规性的经济业务的权力、条件和有关责任者作出的规定，这些规定在管理部门中通常采用文件形式，用以规定一般性交易业务办理的条件、范围和对该项交易的责任关系等，例如，企业对各职能部门权限范围和职责的规定属于常规授权。该层次的授权过大，则风险不易控制，过小则效率降低。常规授权适用于经常发生的、数额较大的交易，如赊销时的价格表与信用额度。常规授权的时效性一般较长。

企业可以根据常规性授权编制权限指引并以适当形式予以公布，提高权限的透明度，加强对权限行使的监督和管理。

常规授权通常是在对该业务管理人员任命的时候确定，在管理部门中也采用岗位责任制或管理文件的授权形式认定，或在经济业务中以规定其办理条件、办理范围的形式予以反映。例如，会计部门规定某人负责支票的审核与相关政策,那么只要当符合支票签发政策的部门和人员申请支票时,该人员就可按这些政策的规定授权办理支票审核业务。

2. 特别授权

特别授权是指企业在特殊情况、特定条件下进行的授权。特别授权适用于管理层认为个别交易必须经批准的情况,如对于对外投资、资产处置、资金调度、资产重组、收购兼并、担保抵押、财务承诺和关联交易等重要经济业务事项的决策权,以及超过一般授权限制的常规交易,都需要特殊授权。这种授权只涉及特定经济业务处理的具体条件及有关具体人员,且应掌握在较高管理层手中。

特别授权是一种临时性授权,是企业在特殊情况、特定条件下进行的应急性授权。与常规授权不同,特殊授权只涉及特定的经济业务处理的具体条件及有关具体人员。例如,负责支票审核的某会计人员,在审核应当开具的支票时,发现金额高达数百万元,额度远远超过该会计人员甚至是会计部门的权限,对于这笔支票审核业务,必须作为特殊授权才能办理。可见,这样的授权时效较短,有的还须一事一议。企业应当关注对临时性授权的管理,规范临时性授权的范围、权限、程序、责任和相关的记录措施。有条件的企业,可以采用远程办公等方式逐步减少临时性授权。

和常规授权相比,特别授权往往是指对办理例外的、非常规性交易事件的权力、条件和责任的特殊规定,如非经常的、重大的、长期性的筹资行为和投资决策等,而日常的、短期性的、经营性的行为则属于常规授权的范围。

企业对于重大的业务和事项(尤其是企业对于金额重大、重要性高、技术性强和影响范围广的经济业务与事项),应当实行集体决策审批或者联签制度,任何个人不得单独进行决策或者擅自改变集体决策。

(三)授权批准体系

一个完善的授权批准体系包括以下几个方面。

1. 授权批准的范围

企业所有的经营活动一般都应当纳入授权批准的范围，以便全面预算与全面控制。授权批准的范围不仅要包括控制各种业务的预算（计划）制定情况，还要就如何办理手续和履行权责对相关人员进行授权，同时，对业务的业绩报告也授权有关人员反映和考核。

2. 授权层次

授权应当是有层次的，区别不同情况的。根据经济活动的重要性和金额大小确定不同的授权批准层次，有利于保证各管理层和有关人员有权有责。

授权批准在层次上应当考虑连续性，要将可能发生的情况全面纳入授权批准体系，避免出现真空地带。当然，应当允许企业根据具体情况的变化，不断对有关制度进行修正，适当调整授权层次。什么业务新出现的，要配上相应的规定；金额规模变动的，要修改原有的层次界定。

3. 授权责任

被授权者应能够明确在履行权力时应对哪些方面负责，避免授权责任不清，一旦出现问题又难辞其咎的情况发生。

以差旅费报销业务为例，应根据企业总体组织计划中对部门权限范围和职责作出相应的规定。此项业务一般会涉及以下三个部门与相关人员的职责：

（1）报销人员与所在部门负责人应对报销事项的真实性负责。

（2）审核的部门与人员应核定费用报销的相关标准。

（3）会计部门审核有关凭证的合法性、完整性，对符合条件的情形予以报销。

4. 授权批准程序

企业的经济业务既涉及企业与外单位之间资产与劳务的交换，也包括在企业内部资产和劳务的转移和使用。因此，每类经济业务都会有一系列内部相互联系的流转程序。所以，企业应当规定每一类经济业务的审批程序,以便按程序办理审批,避免越级审批和违规审批的情况发生。

(四) 授权批准管理要求

任何一个企业的授权控制应努力做到和达到以下几个方面的要求。

(1) 企业所有人员不经合法授权,不能行使相应权力。这是最起码的要求。不经合法授权,任何人不能审批;有权授权的人则应在规定的权限范围内行事,不得越权授权。

(2) 企业的所有业务未经授权不能执行。企业内部的各级管理层必须在授权范围内行使职权和承担责任,经办人员也必须在授权范围内办理业务。

(3) 对于审批人超越授权范围的审批业务,经办人员有权拒绝办理,但应及时向审批人的上级授权部门报告。

(五) 授权批准检查制度

通过必要的检查程序来确保每类经济业务授权批准的工作质量是很重要的环节之一。其主要方法如下。

1. 检查凭证和文件

经济业务发生和完成时,通常要编制、审核一系列凭证或文件,这些凭证文件(尤其是定量的标准与签章等记录)是授权批准的执行证据,通过审查可反映授权批准手续的执行程度。例如,核对购货发票和采购订单,以检查采购业务是否符合授权标准、价格是否合理、货款支付方式是否正确。如果购货发票上的数量、金额与定购单不一致,货款支付仅以购货发票为依据时,则说明在采购和货款支付的授权批准程序上存在失控情况。

2. 现场观察

观察授权批准的工作现场有时确实有助于判断授权批准的工作质量。例如,某企业规定购货时需经电话询问取得三种报价后才可发出订单,为了查明经办人员是否执行上述授权批准条件,只有通过现场观察才能了解确切。

三、会计系统控制

（一）会计系统控制的含义

会计作为一个信息系统，对内能够向管理层提供经营管理的诸多信息，对外可以向投资者、债权人等提供用于投资等决策的信息。

会计系统控制要求企业严格执行国家统一的会计准则、制度，加强会计基础工作，明确会计凭证、会计账簿和财务报告的处理程序，规范会计政策的选用标准和审批程序，建立、完善会计档案保管和会计工作交接办法，实行会计人员岗位责任制，充分发挥会计的监督职能，保证会计资料的真实完整。

企业应当依法设置会计机构，配备会计从业人员、从事会计工作的人员，必须取得会计从业资格证书，会计机构负责人应当具备会计师以上专业技术职务资格。

大中型企业应当设置总会计师，设置总会计师的企业，不得设置与其职权重叠的副职。

会计系统控制主要是通过对会计主体所发生的各项能用货币计量的经济业务进行确认、计量、记录以及报告所实施进行的控制，从日常会计核算工作的内容来看主要包括以下几个方面：

（1）建立会计工作的岗位责任制，对会计人员进行科学、合理的分工，使之相互监督和制约。

（2）按照规定取得和填制原始凭证。

（3）设计良好的凭证格式。

（4）对凭证进行连续编号。

（5）规定合理的凭证传递程序。

（6）明确凭证的装订和保管手续责任。

（7）合理设置账户，登记会计账簿，进行复式记账。

（8）按照我国《会计法》和国家统一的会计准则、制度的要求，编制、报送、保管财务会计报告等。

（二）会计记录控制

会计记录控制是会计系统控制中的重要方法之一，其主要内容包括以下几方面。

1. 凭证编号

对凭证编号是企业常用的控制方法。它可以控制企业签发的凭证数量，以及相应交易涉及的其他文件，如支票、发票、订单和存货收发证明的使用情况，便于查询，避免重复、遗漏；更重要的是，编号的连续性一定程度上可以减少抽取发票、截取银行收款凭证等进行贪污、舞弊的可能性。

2. 复式记账

复式记账能够将企业发生的经济业务按其来龙去脉，相互联系地、全面地记入有关账户，使各账户完整地、系统地反映各会计要素具体内容的增减变动情况及其结果。通过复式记账与借贷平衡，有利于保证会计账面记录无误，从而保证会计信息正确完整。

3. 统一会计科目

企业应根据会计准则的规范要求和经营管理的实际需要，统一设定会计科目，特别是集团性公司更有必要统一下级公司的会计明细科目，以便统一口径、统一核算、有效分析。企业可以列一张有全部会计科目的清单，清单内容一般包括会计科目编号、名称、级别和类别等几个方面，并附有每个账户的内容说明。对于会计准则尚未统一规定的明细科目，企业可以自行设定。

4. 会计政策

企业制定会计政策应当符合会计准则的规范要求，也应当从企业内部控制及管理要求出发，编制一份专门的会计政策文件，让有关人员知晓，必要时也可在整个集团（包括各子公司）统一某些会计政策，以便于汇总管理和考核。统一的会计处理，也可以减少错误的可能性。

5. 结账程序

结账是一项将账簿记录定期结算清楚的账务处理工作，包括对收入、费用的结算以揭示当年的经营活动成果，还包括对资产、负债、所有者权益的结算,结出其期末余额以便下期结转。

企业可运用流程图(网络图)来设计结账的工作步骤、内容、完工时间和有关责任人,以保证结账工作按顺序进行。控制结账程序能够保证企业会计处理的及时完成,并且能及时发现错误加以改正。企业还可以运用流程图来确定内部会计控制的流程、凭证的传递与关键控制点等。随着网络技术的推广,一些企业可将某一经济业务的会计处理当前进行到哪个部门,到哪个人员手中,动态地反映在局域网上,时刻加以监控,保证了结账程序能够顺利完成。

流程图是由一定符号组成,反映企业业务中的不同部门与不同职位间的相互关系的图表。它既是企业管理的有效工具,也是评价企业内部控制的重要手段。

(三) 内部会计控制规范

内部会计控制是指单位为了提高会计信息质量,保护资产的安全、完整,确保有关法律法规和规章制度的贯彻执行等而制定和实施的一系列控制方法、措施和程序。

为了促进各单位内部会计控制建立与健全,加强内部会计监督,维护社会主义市场经济秩序,根据我国《会计法》等法律、法规,我国财政部曾发布了如下文件:于2001年6月22日发布了《内部会计控制规范——基本规范(试行)》、《内部会计控制规范——货币资金(试行)》;于2002年12月23日发布了《内部会计控制规范——采购与付款(试行)》、《内部会计控制规范——销售与收款(试行)》;于2003年7月15日发布了《内部会计控制规范——成本费用(征求意见稿)》;于2003年10月22日发布了《内部会计控制规范——工程项目(试行)》;于2003年11月26日发布了《内部会计控制规范——预算(征求意见稿)》;于2004年8月19日发布了《内部会计控制规范——担保(试行)》《内部会计控制规范——对外投资(试行)》。

内部会计控制是整个企业内部控制系统中的一个十分重要的、不可或缺的子系统。也可以这样认为,内部会计控制是企业内部控制的核心。随着市场经济的深入发展,控制在管理中的重要性程度正在不断提高，内部会计控制重要性也会被越来越多的人所认识。企业管理越加强，内部会计控制越重要。

有人认为，内部控制就是内部会计控制，其实这是一种误解。将内部控制等同于内部会计控制是不全面的。因为内部控制不仅仅涉及会计，它还贯穿于整个企业的生产经营管理全过程，企业应当针对采购、生产经营、销售、财务管理、研究开发和人力资源等各方面全面地制定内部控制制度。内部控制至少可以划分为内部会计控制和内部管理控制。这种划分思想在审计界产生了广泛的影响，促成了当时制度基础审计的产生。内部会计控制和内部管理控制是相互联系、难以分割的，要严格分清各项控制究竟是内部会计控制还是内部管理控制，并无多大实际意义。

（四）内部会计控制分类与主要内容

内部会计控制的内容应当涵盖企业财务会计管理的全过程，它是企业内部会计控制的主体与核心，它规定了企业应对哪些经济活动和环节进行控制。按照财政部制定并颁发的《内部会计控制规范——基本规范（试行）》的规定，企业内部会计控制主要包括以下九个方面的内容。

1. 货币资金控制

办理货币资金业务的不相容岗位应当分离，相关机构和人员应当相互制约，确保货币资金的安全。审批人应当根据货币资金授权批准制定的规定，在授权范围内进行审批，不得超越审批权限。经办人应当在职责范围内，按照审批人的批准意见办理货币资金业务。对于审批人超越授权范围审批的货币资金业务，经办人员有权拒绝办理，并及时向审批人的上级授权部门报告。

企业应当按照支付申请、支付审批、支付复核和办理支付等规定的程序办理货币资金支付业务。

2. 实物资产控制

企业应当建立实物资产管理的岗位责任制度，对实物资产的验收入库、领用、发出、盘点、保管及处置等关键环节进行控制，防止各种实物资产被盗、毁损和流失。

3. 对外投资控制

企业应当建立规范的对外投资决策机制和程序。通过实行重大投资决策集体审议联签等责任制度，加强对投资项目立项、评估、决策、实施、投资处置等环节的会计控制，严格控制投资风险。

4. 工程项目控制

企业应当建立规范的工程项目决策程序，明确相关机构和人员的职责权限，建立工程项目投资决策的责任制度，加强工程项目的预算、招标和投标以及质量管理等环节的会计控制，防范决策失误及工程发包、承包、施工和验收等过程中的舞弊行为。

5. 采购与付款控制

企业应当合理设置采购与付款业务的机构和岗位，建立和完善采购与付款的会计控制程序，加强对请购、审批、合同订立、采购、验收和付款等环节的会计控制，堵塞采购环节的漏洞，减少采购风险。

6. 筹资控制

企业应当加强对筹资活动的会计控制，合理确定筹资规模和筹资结构，选择筹资方式，降低资金成本，防范和控制财务风险，确保筹措资金的合理、有效使用。

7. 销售与收款控制

企业应当在制定商品或劳务等的定价原则、信用标准和条件以及收款方式等销售政策时，充分发挥会计机构和人员的作用，加强合同订立、商品发出和账款回收的会计控制，避免或减少坏账损失。

8. 成本费用控制

企业应做好成本费用管理的各项基础工作，制定成本费用标准，分解成本费用指标；控制成本费用差异，考核成本费用指标的完成情况；落实奖罚措施，降低成本费用，提高经济效益。

9. 担保控制

企业应严格控制担保行为，建立担保决策程序和责任制度，明确担保原则、担保标准和条件以及担保责任等相关内容，加强对担保合同订立的管理，及时了解和掌握被担保人的经营和财务状况，防范潜在风险，避免或减少可能发生的损失。

【案例分析与点评】

会计控制决不能掉以轻心

案例简介

2004年，某市中级人民法院公开审理了某单位会计张某涉嫌贪污、挪用公款一案。该市检察机关指控，张某在案发前7年中累计贪污公款1000余万元、挪用公款2亿多元。法院依法判处张某死刑，缓期2年执行。

据介绍，某单位财务处除了负责本单位财务管理和会计核算外，还承担下属单位经费管理等工作。财务处共有三名工作人员，分别是陈某、张某和朱某。其中，陈某主持处内工作，并负责审核凭证、登记银行账、保管单位负责人个人印章；张某是会计，负责登记明细账和总账；朱某负责会计电算化制单和保管支票。由于经费拨付工作十分频繁，而处内人手又比较紧张，在有人出差、休假等时候，为保证工作正常运转，三人相互之间经常替对方做一些工作，有关票据和银行印鉴实际上也经常是共用共管的。

1996年8月，张某受人委托，采取不记账和私盖公章等手段，私自将公款1000余万元拆借给某公司，并先后从中获取好处费294万元。这笔借款4年后才归还，但单位毫不知情。从1996年8月至2003年1月案发前，张某利用职务便利，多次以向接受拨款单位支付退汇、重拨项目款为名，分别采取伪造银行信用凭证、电汇凭证、进账单等手段贪污公款1262余万元，采取伪造银行进账单、编造银行对账单和编造支票购买记录等手段，单独或伙同他人将公款2亿多元挪用给他人进行经营活动，给单位和国家造成了重大财产损失。

据检察官介绍，他们当时去张某的办公室查看，十分震惊。有人后来开玩笑说，张某所在单位的支票和老百姓家里的纸的概念一样，抽屉一打开，支票、废支票到处都是。据悉，张某所在单位每年都搞内部审计，但只是简单看看报表平不平，从未深究，也从未去银行对过账。张某所在单位领导坦承，由于单位领导基本上都是科技领域的专家，对财务会计工作重视不够、了解不深，这在一定程度上助长了财务管理的混乱状况。

张某案发后，其所在单位对财务管理工作进行了整改。现在，财务处的每一笔拨款，都要做到事先下发通知书、事后由接受拨款单位寄回收据作为入账凭证，而这些在张某案发前都是无法想象的；同时，现在的拨款工作，已经完全改为由开户银行利用网络体系直接支付，单位为此专门向承办银行提供了一个接受拨款单位的目录清单，凡是超出清单范围的拨款，银行有权拒绝支付。

案例分析点评

张某贪污、挪用公款一案暴露出所在单位内部会计控制方面存在下列严重缺陷。

1. 不相容职务混岗

张某、陈某、朱某3人尽管形式上有所分工，但由于3人相互之间经常替对方做一些工作，有关票据和银行印鉴实际上也经常是共用共管的，这就导致不相容职务实际上处于混岗状态，为张某贪污、挪用公款打开了方便之门。按照内部控制规定，企业应当建立货币资金业务的岗位责任制，明确相关部门和岗位的职责权限，确保办理货币资金业务的不相容岗位相互分离、制约和监督。

2. 授权批准制度不严密

张某动辄私自支付成百万甚至上千万资金，单位有关领导和同事竟然长期不知情，显然违背了授权批准制度的要求。单位应当对货币资金业务建立严格的授权批准制度，明确审批人对货币资金业务的授权批准方式、权限、程序、责任和相关控制措施，规定经办人的职责范围和工作要求。此案中，张某之所以屡屡得逞，与没有严格的授权审批制度有直接关系。

3. 缺乏相应的支付复核制度

张某多次以向接受资助单位支付退汇、重拨项目款为名办理支付业务，但这些情况是否属实，竟然无人核实，使张某的行为失去制约。按照内部控制规定，对货币资金的支付申请，应由专人进行复核，主要复核支付申请的批准范围、权限和程序是否正确，手续及相关单证是否齐备，金额计算是否准确，支付方式、支付单位是否妥当等。复核无误后，方可交由出纳人员办理支付手续。

4. 银行账户管理制度松弛

张某经手的银行存款账，数年来一直存在账实严重不符的问题，但长期无人问津；同时，支票、废支票管理的混乱无序，也说明张某所在单位已严重违反了《支付结算办法》等规章制度。企业应当定期检查、清理银行账户的开立及使用情况，发现问题，及时处理。应当加强对银行结算凭证的填制、传递及保管环节的管理与控制。

5. 忽视与银行定期进行对账

张某为掩盖罪行，长期以来伪造银行对账单。这种拙劣手法长期未被识破，关键在于未建立与银行定期对账制度。企业应当指定专人定期核对银行账户，每月至少核对一次，并编制银行存款余额调节表，使银行存款账面余额与银行对账单调节相符；如调节不符，应查明原因，作出处理。

6. 印鉴管理制度不规范

尽管形式上规定由陈某保管单位负责人的个人印章，但由于混岗现象的存在，导致全部支付印章实际上可由张某一个人掌握和使用。单位应当加强对银行预留印鉴的管理。财务专用章由专人保管，个人名章必须由本人或其授权人员保管，严禁一人保管支付款项所需的全部印章。

7. 控制环境存在明显缺陷

突出表现在：单位管理层对财务会计管理重视不够，监管不力。控制环境是内部控制制度赖以有效执行的前提和基础，单位应当重视控制环境建设。

四、财产保护控制

为了保全企业的财产,企业应当严格限制未经授权的人员接触和处置财产,并采取定期盘点、财产记录、账实核对、财产保险等措施,确保各种财产的安全和完整。《基本规范》第三十二条指出:"财产保护控制要求企业建立财产日常管理制度和定期清查制度,采取财产记录、实物保管、定期盘点、账实核对等措施,确保财产安全。

企业应当严格限制未经授权的人员接触和处置财产。"

(一)限制接近

限制接近主要指严格限制无关人员对资产的接触,只有经过授权批准的人员才能够接触资产。限制接近包括限制对资产本身的直接接触以及通过文件批准的方式对资产使用或分配的间接接触。一般情况下,对货币资金、有价证券、存货等变现能力强的资产必须限制无关人员的直接接触。

1. 限制接近现金

现金收支的管理应该局限于特定的出纳员。这些出纳员要与控制现金余额的会计记录人员和登记应收账款的人员相分离。可以设立单独封闭的出纳室或带锁抽屉的收银机来保护现金的安全。零星现金的支出也可以通过指定专门的核算人员管理备用金的方法来加以控制。

2. 限制接近其他易变现资产

其他易变现资产,如应收票据和有价证券等,一般都是采用确保两个人同时接近资产的方式加以控制。如由银行等第三方保管易变现资产,在处理保管的易变现资产时,要求由两名管理人员共同签名等等。

3. 限制接近存货

在制造业和批发企业中,存货的实物保护应通过有专职的仓库保管员控制,设置分离、封闭的仓库区域,以及工作时间之内和工作时间之后控制进入仓库区域等方式实现。在零售企业中,存货的实物保护可以通过在营业时间中和营业时间后控制接近库房的方式(如使用夜盗警铃、发放有限的钥匙)来实现。另外,对贵重商品的保护控制可采取使用带锁的营业柜,以及聘用专人日常巡视和采用某些监控设备等措施来实现。

(二) 定期盘点

定期盘点是指定期对实物资产进行盘点,并将盘点结果与会计记录进行比较。盘点结果与会计记录如不一致,可能说明资产管理上出现错误、浪费、损失或其他不正常现象,应当分析原因、查明责任以完善管理制度。

1. 定期与会计记录核对

将实物资产盘点并与会计记录核对一致,在很大程度上保证了资产的安全,虽然我们并不排除实物资产和会计记录存在相同错误的可能。为保证盘点时资产的安全,通常应先盘点实物,再核对账册,以防止盘盈资产的流失。

2. 进行差异调查与调整

实物盘点结果与有关会计记录之间的差异应由独立于保管和记录职务之外的人员进行调查。盘点结果与会计记录如果不一致,说明资产管理上可能出现错误、浪费、损失或其他不正常现象。为防止差异再次发生,应通过详细调查,分析原因、查明责任,并根据资产性质、现行的制度、差异数额及其产生的原因,采取保护性控制。

需要说明的是,我们可以根据资产性态来确定盘点频率,显然,动产较之不动产,可携带品较之不可携带品,消费品较之生产用品,货币性资产较之非货币性资产的盘点频率要高得多。

(三) 记录保护

记录保护是指应当妥善保管涉及资产的各种文件资料,避免记录受损、被盗、被毁。首先,应该严格限制接近会计记录的人员,以保持保管、批准和记录职务分离的有效性。其次,会计记录应妥善保存,尽可能减少记录受损、被盗或被毁的可能性。再次,对某些重要资料(如定期的财务报告)应留有后备记录,以便在遭受意外损失或毁坏时重新恢复,这一点在当前计算机处理的条件下,尤为重要。

应当看到,在电算化不断推广的同时也给内部控制带来了新的问题和挑战。电算化对内部控制的影响主要表现在以下几个方面。

1. 电算化对授权批准控制的冲击

授权批准控制在手工会计系统中,即对于一项经济业务的每个环节都要经过某些具有相应权限人员的签章。但是在电算化环境下,这种签章转化为特殊的授权文件和口令。由于管理不善或系统程序中出现漏洞,窃取他人口令、引发失控的案件屡见不鲜。例如,业务人员被客户收买,非法取得他人口令,绕过批准程序开出销售提单;非法核销客户应收款及相关资料等等。

2. 内部控制的程序化使系统失控不易察觉

由于电算化系统中许多应用程序本身就带有内控的功能,使人的依赖性加强,如果企业的内部控制取决于应用程序,一旦程序发生差错或不起作用,则会造成很大的损失。

3. 电算化系统缺乏交易痕迹

手工会计中严格的凭证制度,在电算化中逐渐减少或消失,使文件记录控制功能大大减弱,使得出错源头的追查变得困难。

4. 控制范围的扩大

电算化系统下,不仅要对交易处理进行控制,还要对网络系统进行安全控制、修改程序控制和系统权限的控制。

5. 信息存储电磁化使实物保护控制风险加大

在电算化系统下,会计信息以电磁信号的形式存储在磁性解质中,是明眼不可见的,很容易被删除或篡改而不留痕迹,另外,电磁解质很容易受损坏,所以信息资料易丢失或毁坏。

6. 电子商务的应用也给内控带来许多新问题

以 Internet 为基础的电子商务已经给企业带来形式多样的商机。网上采购、网上销售及相应的网上银行、网上支付、网上催账、网上报账、远程报表和远程审计等等新功能的出现,必须要求有相应的内控程序加以配合。这就要求企业不断设计出新的内部控制制度来应付新情况的出现。

信息技术控制要求企业结合实际情况和计算机信息技术应用程

度,建立与本企业经营管理业务相适应的信息化控制流程,提高业务处理效率,减少和消除人为操纵因素,同时加强对计算机信息系统的开发与维护、访问与变更、数据输入与输出、文件储存与保管以及网络安全等方面的控制,保证信息系统的安全、有效运用。

(四) 财产保险

通过资产投保(如火灾险、盗窃险、责任险等)来增加实物资产受损后补偿的程度或机会,从而保护企业的实物安全。

(五) 财产记录监控

建全永续盘存制和资产档案管理,对资产的增减变动情况作及时、全面的记录,同时加强对财产的所有权证的管理,以确保账实一致,账证一致。

【案例分析与点评】

出纳员为什么能够盗空信用社金库!

案例简介

据《海南特区法制报》2003年9月5日报道,广西平果县某乡的信用社出纳员韦某交代,从2003年2月份开始,他到市场上购买与新版面值100元人民币相似的"冥币",并将其换出真币。一天下班,韦某又有了单独入库提款的机会。他把当天的营业款放进保险柜,又把两沓"冥币"放入,取出两沓真币。之后,韦某便不断地以此手法作案,仅三个多月时间,作案28次,共用"冥币"偷换出金库款达43万余元,信用社金库被盗空。

案例点评

在本案中,出纳员韦某单独运用偷梁换柱的手段把"冥币"放进保险柜,取走真币,以假乱真,三个多月连续作案后才被察觉,可见该信用社的内部控制制度具有严重缺陷。该信用社的内部控制制度在以下几个方面存在问题。

1. 职务分离制度

对于该信用社,接触金库现钞的人员应该与前台营业接触现钞的人相互分离,也就是说,金库现钞应该有专人保管,并且应该是两个人同时进入金库进行存取现金,防止一个人完成所有工作。韦某能够多次单独进入金库,可见该信用社的职务分离没有起到牵制作用。

会计记录与资产保管必须分工,管钱、管物和管账人员应当形成相互制约关系,才能保护资产的安全完整。在内控制度中,规定出纳员不得兼管稽核、会计档案保管和收入、费用以及债权、债务账目的登记工作;银行票据的签发印鉴,必须有两人分别掌管;向银行提取较大数额现金时,必须由两人以上,对领款、点验安全入库的全过程共同负责;现金收付应当实行复核制等,都是为了防错防弊。

2. 资产接触制度

内部控制中,保护资产的最好方式之一就是限制接近,制定完善的资产接触制度。尤其是货币资金和有价证券等,容易被人侵占,"企业应当严格限制未经授权的人员接触和处置财产"。该信用社应该建立出入证制度,或者专门有人负责库存现钞的存取,其他人员一律不得接触。韦某正是因为能够接触到金库现钞,才有机会以假乱真。

3. 定期盘点制度

对于重要的实物性资产,单位应该做到定期盘点;对于现金,应于每日业务终了时清点库存现金,做到账实相符;对于像信用社金库这样的特殊"存货",应该每个星期进行盘点,即时将盘点结果与账面核对,盘点时,应该有多人在场,盘点的人员定期轮换。韦某作案长达三个月之久才被发现,可见该信用社的盘点制度没有起到定期核对账实的作用。另外,盘点"存货"时也应该关注一下存货的质量。

为了保证财产物资的安全和完整,除规定物资保管员对每项物资进行收付后,都要实行永续盘存办法核对库存账实外,还要规定财产物资的局部清查和全面清查制度,以保证账与物相符或及时处理发生的差错。例如,现金出纳员除规定每日下班前要结账清点库存现金,遇有差错要及时报告外,会计主管人员还负有经常检查出纳员工作,定期或不定期检查库存现金及金库管理情况的责任。

4. 独立稽核制度

独立稽核制度又称独立检查控制制度,是指由企业执行者以外的人员对已执行的业务的正确性所进行的稽核制度,又称内部稽核制度。对于现金业务的收支,应该日清月结,并由其他人员独立进行稽核。

内部稽核包括凭证与凭证、凭证与账簿、账簿与报表、书面记录与实物之间的核对,也包括对一些计算表、汇总表、调节表和分析表的复核。

一个有效的独立检查控制至少应当满足三个条件:

(1) 检查工作由一个和原业务活动、记录、保管相独立的人员来执行。

(2) 不管采用全部复核或抽样复核,复核工作须经常进行。

(3) 错误和例外须迅速地传达给有关人员以便更正。重复犯错或重大错误及所有不当行为必须向相应管理层报告。

该信用社如果能从以上几个方面进行改善,就能有效防范类似事件的发生。

五、预算控制

(一) 预算控制的含义

预算控制是以全面预算为手段,对企业内部各部门、各单位的各种财务及非财务资源所进行的控制。预算控制要求企业加强预算编制、执行、分析和考核等环节的管理,明确预算项目,建立预算标准,规范预算的编制、审定、下达和执行程序,及时分析和控制预算差异,采取改进措施,确保预算的执行。

预算内资金实行责任人限额审批,限额以上资金实行集体审批。严格控制无预算的资金支出。

《基本规范》第三十三条要求:"企业实施全面预算管理制度,明确各责任单位在预算管理中的职责权限,规范预算的编制、审定、下达和执行程序,强化预算约束。"

企业财务预算与业务预算、资本预算、筹资预算共同构成企业的全面预算。

企业财务预算应当围绕企业的战略要求和发展规划,以业务预算、资本预算为基础,以经营利润为目标,以现金流为核心进行编制,并主要以财务报表形式予以充分反映。企业财务预算一般按年度编制,业务预算、资本预算、筹资预算分季度和月份落实。企业编制财务预算应当按照先业务预算、资本预算、筹资预算,后财务预算的流程进行,并按照各预算执行单位所承担的经济业务的类型及其责任权限,编制不同形式的财务预算。

(二)预算控制的原则与要求

企业编制预算,一般应按"上下结合、分级编制、逐级汇总"的程序进行。企业应当按照内部经济活动的责任权限进行预算控制,并遵循以下基本原则和要求:

一是坚持效益优先原则,实行总量平衡,进行全面预算管理。

二是坚持积极稳健原则,确保以收定支,加强财务风险控制。

三是坚持权责对等原则,确保切实可行,围绕经营战略实施。

预算控制应抓好以下环节:

一是抓好预算体系的建立,包括预算项目、标准和程序。

二是抓好预算的编制和审定。

三是抓好预算指标的下达及有关负责人或部门的落实。

四是抓好预算执行的授权。

五是抓好预算执行过程的监控。

六是抓好预算差异的分析与调整。

七是抓好预算业绩的考核和奖惩等。

预算控制的内容涵盖了企业经营活动的全过程,通过预算的编制和检查预算的执行情况,可以比较、分析企业内部各单位未完成预算的原因,并对未完成预算的不良后果采取改进措施,确保各项预算的严格执行。在实际工作中,预算编制不论采用自上而下还是自下而上的方法,其决策权都应落实在内部管理的最高层,由这一权威层次进行决策、指挥和协调。预算确定后由各预算单位组织实施,并辅之以对等的权、责、利关系,由内部审计部门等负责监督预算的执行。

(三) 全面预算管理

(1) 企业法定代表人应当对企业财务预算的管理工作负总责。企业董事会可以根据情况设立财务预算委员会或指定财务管理部门负责财务预算管理事宜,并对企业法定代表人负责。

(2) 预算委员会负责拟订财务预算的目标、政策,制定预算管理的具体措施和办法,审议、平衡预算方案,组织下达预算,协调解决预算编制和执行中的问题,组织审计、考核预算的执行情况,督促企业完成预算目标。

(3) 企业财务管理部门在预算委员会或企业法定代表人的领导下,具体负责组织企业财务预算的编制、审查、汇总、上报、下达和报告等具体工作,跟踪监督财务预算的执行情况,分析财务预算与实际执行的差异及原因,提出改进管理的措施和建议。

(4) 企业内部生产、投资、物资、人力资源和市场营销等职能部门具体负责本部门业务涉及的财务预算的编制、执行、分析和控制等工作,并配合财务预算委员会做好企业总预算的综合平衡、协调、分析、控制和考核等工作。其主要负责人参与企业财务预算委员会的工作,并对本部门财务预算执行结果承担责任。

(5) 企业所属基层单位是企业主要的财务预算执行单位,在企业财务管理部门的指导下,负责本单位现金流量、经营成果和各项成本费用预算的编制、控制和分析工作,接受企业的检查和考核。其主要负责人对本单位财务预算的执行结果承担责任。

(6) 企业对具有控制权的子公司应当同时实施财务预算管理。各子公司必须相应建立预算委员会和日常工作机构,确定工作职责。子公司法定代表人对本公司全面预算负责,各有关部门分别对分管指标负责。

(四) 企业预算方法

企业预算可以根据不同的预算项目,分别采用固定预算、弹性预算、滚动预算、零基预算和概率预算等方法进行编制。

（1）固定预算是根据预算内正常的、可实现的某一业务量水平编制的预算，一般适用于固定费用或者数额比较稳定的预算项目。

（2）弹性预算是在按照成本（费用）习性分类的基础上，根据量、本、利之间的依存关系编制的预算，一般适用于与预算执行单位业务量有关的成本（费用）、利润等预算项目。

（3）滚动预算是随时间的推移和市场条件的变化而自行延伸并进行同步调整的预算，一般适用于季度预算的编制。

（4）零基预算是对预算收支以零为基点，对预算期内各项支出的必要性、合理性或者各项收入的可行性以及预算数额的大小，逐项审议决策，从而予以确定收支水平的预算，一般适用于不经常发生的或者预算编制基础变化较大的预算项目，如对外投资、对外捐赠等。

（5）概率预算是对具有不确定性的预算项目，估计其发生各种变化的概率，根据可能出现的最大值和最小值计算其期望值，从而编制的预算，一般适用于难以准确预测变动趋势的预算项目，如销售新产品、开拓新业务等。

（五）企业预算的模式

不同的企业应该根据自己的情况选择不同的预算模式和预算方法。预算模式根据企业的不同发展阶段可以分为以资本预算为起点的预算管理模式、以销售为起点的预算管理模式、以成本控制为起点的预算管理模式和以现金流量为起点的预算管理模式。

1. 处于初创期的企业预算管理——以资本预算为起点的预算管理模式

企业初创期，一方面存在大量资本支出与现金支出，使得企业净现金流量为绝对负数；另一方面新产品开发的成败及未来现金流量的大小具有较大的不确定性。这时的预算管理应当以资本预算为重点，具体包括：

（1）对拟投资项目的总支出进行规划，确定投资项目的总预算。

（2）对项目进行可行性分析与决策，规划预期现金流量，确定项目预算。

（3）结合企业的具体情况进行筹资预算，以保证已上项目的资本支出需要。

（4）从机制与制度设计上确定资本预算的程序与预算方式。

资本预算管理模式就是将资本支出过程最终以预算制度和预算表格的方式表现出来，以预算制度和预算表格来替代日常管理，使每个人都有明确的目标。

2. 企业增长期的预算管理——以销售为起点的预算管理模式

在企业增长期，尽管企业对产品生产技术的把握程度已大大提高，但仍然面临以下风险：一是产品能否为市场所完全接受、能在多高的价格上被市场接受的经营风险；二是来自于现金流不足及由此而产生的财务风险。

这一时期，企业的战略重点在营销方面，即通过市场营销来开发市场潜力和提高市场占有率。预算管理的重点在于借助预算机制与管理形式来促进营销战略的全面落实，以取得企业可持续的竞争优势。因此，在编制预算时，一是要以市场为依托，基于销售预测而编制销售预算；二是要以"以销定产"为原则，编制生产、费用等各职能预算；三是要以各职能预算为基础，编制综合财务预算。

3. 市场成熟期的预算管理——以成本控制为起点的预算管理模式

在市场成熟期，企业的生产环境与企业应变能力都有不同程度的改善，产品产量、价格、市场及现金流量均较为稳定。在这一阶段，成本控制成为财务管理以至企业管理的核心。

以成本为起点的预算管理模式，就是以企业期望收益为依据、以市场价格为已知变量来规划企业总预算成本；进而以预算总成本为基础，分解落实到成本发生的所有管理部门或单位，形成约束各预算单位管理行为的预算成本。

4. 衰退期的预算管理——以现金流量为起点的预算管理模式

当企业处于衰退期时，一方面，在经营上企业所拥有的市场份额稳定但市场总量下降,销售出现负增长;另一方面,在财务上存在大量应收账款,而潜在投资项目并未确定,因此自由现金流量大量闲置。在这一时期,监控现金有效收回并保证其有效利用,就成了管理的重点。因此,企业应采用以现金流量为起点并以现金流入、流出控制为核心的预算管理模式。

以现金流量为起点的预算管理模式,必须借助于现金预算,以解释企业及其各部门的现金来源、用途及其余额的数量;企业何时需要现金、如何通过预算方式避免不合理的现金支出。

应当指出,并不是只有当企业步入衰退期时,企业才能采用现金流量为起点的预算管理模式。事实上,现金流量的重要性使得以现金预算为起点的预算管理模式已经成为企业日常财务管理的关键。对于集团公司,总部完全可以按照分部或下属子公司的产品本身,根据上述思想设定不同的预算起点,制定不同的预算战略与管理体系。

(六)预算的执行与控制

(1)企业预算一经批复下达,各预算执行单位就必须认真组织实施,将预算指标层层分解,从横向和纵向落实到内部各部门、各单位、各环节和各岗位,形成全方位的预算执行责任体系。

(2)企业应当将预算作为预算期内组织、协调各项经营活动的基本依据,将年度预算细分为月份和季度预算,以分期预算控制确保年度预算目标的实现。

(3)企业应当强化现金流量的预算管理,按时组织预算资金的收入,严格控制预算资金的支付,调节资金收付平衡,控制支付风险。对于预算内的资金拨付,按照授权审批程序执行;对于预算外的项目支出,应当按财务预算管理制度规范支付程序;对于无合同、无凭证和无手续的项目支出,不予支付。

(4)企业应当严格执行销售或营业、生产和成本费用预算,努力完成预算指标。在日常控制中,企业应当健全凭证记录,完善各项管理的规章制度,严格执行生产经营月度计划和成本费用的定额、定率标准,加强适时的监控。对预算执行中出现的异常情况,企业有关部门应及时查明原因，提出解决办法。

（5）企业应当建立预算报告制度，要求各预算执行单位定期报告预算的执行情况。对于预算执行中发生的新情况、新问题及出现偏差较大的重大项目，企业管理部门以至预算委员会应当责成有关预算执行单位查找原因，提出改进经营管理的措施和建议。

（6）企业财务管理部门应当利用财务报表监控财务预算的执行情况，及时向预算执行单位、企业财务预算委员会以至董事会提供财务预算的执行进度、执行差异及其对企业财务预算目标的影响等财务信息，促进企业完成财务预算目标。

（七）预算调整控制

为了提高预算制定的效率，保证信息流动的秩序性，企业应当对预算制定控制流程，并实施监控。为了维护全面预算的严肃性并有利于控制，对预算进行调整，必须具有一定的程序。一般情况下，预算调整需要经过申请、审议、批准三个主要程序。

1. 预算调整的申请

如果需要修改调整预算，首先应由预算执行人或编制人提出申请。调整申请应说明调整的理由（内、外环境发生了怎样的变化，执行原预算遇到怎样不可克服的困难或损失，等等）、调整的初步方案（具体的调整点、调整方法）、调整前后的预算指标对比（调整后的预算指标测算、指标前后对比的差异、相应的补偿措施，等等）以及调整后预算的负责人、执行人等情况。

2. 预算调整的审议

预算执行或编制人提出调整申请后，应经由一定的审议，并提出审议意见。担任审议的部门通常是预算工作组。由预算工作组担任审议人，也应要求申请人的上级部门首先对申请签署意见。审议意见应说明审议参与人和审议过程，包括对申请同意、反对或补充修改的内容（修改意见应征得申请人同意）。为了使审议意见切合实际和有理有据，审议人有必要对申请调整事项作深入的调查研究和论证，不可随意作出同意或否定的意见。审议人应对审议意见负责。

3. 预算调整的批准

经审议后的预算调整申请,即可报送有关部门批准。批准人应在审阅有关资料后,提出同意或不同意调整的书面意见。不同意的,应简单说明理由;同意的,应说明补充意见,然后下发给申请人遵照执行。

上述程序可如图 4-1 所示。

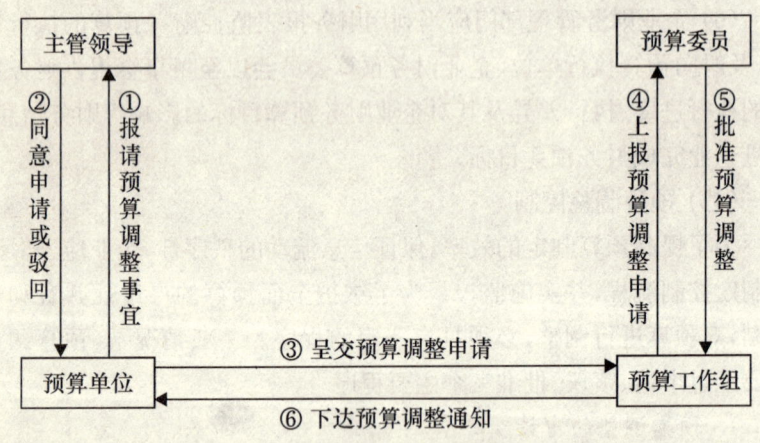

图 4-1 预算调整审批程序

预算制定出来以后,预算执行者应当对预算进行管理,促进预算的有效实施,而不是被预算所"管住"。必要时可以根据当时的实际情况对预算作必要的检查和修订,对预算进行调整。因为未来情况随时都可能发生变化,制定出来的预算不可能一成不变,故预算管理也不可能一成不变。因此,要对预算进行定期检查。如果情况确实已经发生重大的变化,就应当调整预算或重新制定预算,以达到预期的目标。

六、运营分析控制

(一)运营分析控制的基本要求

《基本规范》第三十四条规定,实行运营分析控制,"要求企业建立运营情况分析制度、经理层应当综合运用生产、购销、投资、筹资、财务等方面的信息,通过因素分析、对比分析、趋势分析等方法,定期开展运营情况分析,发现存在的问题,及时查明原因并加以改进。"

运营分析是指主要以财务报表等会计统计资料为基本依据，对企业一定期间的财务状况、经营成果、现金流量及其经济运行情况进行研究、分析和总结的一项技术方法。搞好运营分析，对内可以及时肯定成绩，发现问题，总结经验教训，提出改进措施，不断促使企业经营管理水平的提高；对外可以提供真实、透明、有效的信息资料，并对投资决策有用。

运营分析的过程实质上是对分析资料和信息进行去粗取精、去伪存真、由此及彼、由表及里的分类、综合、整理和加工的过程，有时候还真要有孙悟空"火眼金睛"的洞察能力才能奏效。日常运营分析应当从维护企业运营健康和安全出发，为了企业保健的目的而进行，所以运营分析应当是经常性的。为了做好企业日常的运营分析工作，要建立和健全会计信息系统或会计指标台账；要善于抓住最能够说明问题的数据说话；要充分利用信息，开展经常性的运营分析；要善于找到分析的重点，写出有分量的分析报告，等等。

面对激烈竞争的市场环境和难以避免的风险；面对资金筹集、使用、耗费和分配状况的纷繁复杂；面对销售、价格、收益状况的千变万化；面对股市、债市、汇市、利息和期权的瞬息万变，企业对目前的财务状况与未来的发展趋势等方面是否已经"胸有成竹"，是非常重要的。只有"知己知彼，方能百战百胜"。有效的运营分析，可以提供给企业令人信服和最具有综合性的数据，这些数据可以作为企业诊断和企业保健的基本信息来源，也可以作为对企业经营管理和财务状况评价的基本依据，并能为企业作出正确经营决策提供基本保证。

建立与健全运营分析制度是运营控制的基础与前提。企业应当建立运营分析制度，定期召开分析会议，全面掌握各项指标的完成情况和预算执行情况，研究、落实解决预算执行中存在问题的政策措施，纠正预算的执行偏差。

企业应当针对预算的执行偏差，充分、客观地分析产生的原因，提出相应的解决措施或建议，并将其提交董事会研究决定。

日常企业运营分析与控制可以从以下几个方面进行。

1. 分析与评价财务状况

运营分析应根据核算、统计等资料,综合运用生产、购销、投资、筹资和财务等方面的信息,对企业整体和各个方面的财务状况作综合和细致的分析,并对企业的财务状况作出评价。运营分析应全面了解企业资产的流动性状态是否良好,资本结构和负债比例等是否恰当,现金流量状况是否正常,等等。应说明企业长短期的偿债能力是否充分,从而评价企业长短期的财务风险与经营风险,为企业投资人和经营管理层等提供有用的决策信息。

2. 分析与评价盈利能力

追求最大的盈利能力是企业重要的经营目标。一个企业是否长期具有良好和持续的盈利能力,是一个企业综合素质的基本体现。企业要生存和发展,就必须获得较高的利润,这样才能在激烈的竞争中立于不败之地。企业的投资者、债权人和经营者等都十分关心企业的盈利能力,只有盈利能力强的企业才能保持良好的偿债能力。运营分析应从整体、部门和不同项目等角度对企业盈利能力作深入分析和全面评价,不仅要分析绝对的利润总额,也要分析相对的收益能力;不仅要关注现在的盈利状况,还要观察其对企业长远发展的促进作用。

3. 分析与评价资产管理水平

企业资产作为企业生产经营活动的经济资源,其管理效率的高低直接影响到企业的盈利能力和偿债能力,表明了企业综合经营管理水平的高低。作为运营分析,就应该对企业的资产占有配置、利用水平、周转状况和获利能力等作全面和细致的分析,不仅要看总体的管理水平,也要深入观察个别管理水平的高低;不仅要分析绝对额的增减变动,还要分析相对周转速度的快慢;不仅要关注企业现在的运营状况,还要善于预测企业管理水平的发展前景。

4. 分析与评价成本费用水平

从长远来看,企业的盈利能力和偿债能力也与企业的成本费用管理水平密切相关,凡是经营良好的企业,一般都有较强的成本费用的控制能力。作为运营分析,应对企业一定时期的成本费用的耗用情况作全面的分析和评价,不但要从整个企业和全部产品的角度进行综合分析,还要对企业的具体职能部门和不同产品作深入的分析,并要对成本和费用耗费的组成结构进行细致分析,以真正说明成本费用增减变动的实际原因。

5. 分析与评价发展能力与发展趋势

无论是企业的投资者、债权人或企业经营管理层等,都十分关心企业的未来发展能力与发展趋势,因为这不但关系到企业的命运,也直接与他们的切身利益有关。只有通过全面和深入细致的运营分析,才有可能对企业未来的发展趋势作出正确的评价。在运营分析中,应根据企业偿债能力、盈利能力、资产管理质量和成本费用控制水平以及其他相关的财务和经营方面的各项资料,对企业中长期的经营前景作合理的预测和正确的评价,这不但能为企业经营管理层和投资者等进行财务决策与财务预算提供重要的依据,也能避免由于决策的失误而给企业造成重大损失。

应当看到,分析与控制都是手段,都是过程,而达到预算目标或控制目标才是运营分析的真正目的。

(二) 运营分析常用指标

一是定性指标,需要通过主观分析判断得出评价结果,如经营者基本素质、职工素质、产品市场占有能力(服务满意度)、内部财务控制有效性和发展创新能力等。有些定性指标也能够通过一定的方法设计和技术处理使其量化计算。

二是定量指标,通常是在已有财务信息的基础上,采用财务比率指标直接量化,如偿债能力指标、盈利能力指标、资产运营能力指标、发展能力指标和社会贡献等。

1. 反映偿债能力指标

偿债能力是指企业偿还到期债务(包括本息)的能力。偿债能力指标包括短期偿债能力指标和长期偿债能力指标。

1) 短期偿债能力指标。短期偿债能力是指企业流动资产对流动负债及时足额偿还的保证程度,是衡量企业当期财务能力(尤其是流动资产变现能力)的重要标志。

企业短期偿债能力的衡量指标主要有流动比率、速动比率和现金流动负债比率等。

(1) 流动比率。流动比率是流动资产与流动负债的比率，它表明企业每一元流动负债有多少流动资产作为偿还保证，反映企业用可在短期内转变为现金的流动资产偿还到期流动负债的能力。

$$流动比率 = 流动资产 \div 流动负债 \times 100\%$$

一般情况下，流动比率越高，说明企业短期偿债能力越强。国际上通常认为，流动比率的下限为 100%，而流动比率等于 200% 时较为适当。流动比率过低，表明企业可能难以按期偿还债务；流动比率过高，表明企业流动资产占用较多，会影响资金的使用效率和企业的筹资成本，进而影响获利能力。

(2) 速动比率。速动比率是企业速动资产与流动负债的比率。其中，速动资产是指流动资产减去变现能力较差且不稳定的存货、预付账款、待摊费用等后的余额。

$$速动比率 = 速动资产 \div 流动负债 \times 100\%$$

一般情况下，速动比率越高，说明企业偿还流动负债的能力越强。国际上通常认为，速动比率等于 100% 时较为适当。速动比率小于 100%，表明企业面临很大的偿债风险；速动比率大于 100%，表明企业会因现金及应收账款占用过多而增加企业的机会成本。

(3) 现金流动负债比率。现金流动负债比率是企业一定时期的经营现金净流量与流动负债的比率，它可以从现金流量角度来反映企业当期偿付短期负债的能力。

$$现金流动负债比率 = 年经营现金净流量 \div 年末流动负债 \times 100\%$$

现金流动负债比率越大，表明企业经营活动产生的现金净流量越多，越能保障企业按期偿还到期债务。但是，该指标也不是越大越好，指标过大表明企业流动资金利用不充分，获利能力不强。

2) 长期偿债能力指标。长期偿债能力是指企业偿还长期负债的能力。企业长期偿债能力的衡量指标主要有资产负债率、产权比率、或有负债比率、已获利息倍数和带息负债比率等。

(1) 资产负债率。资产负债率又称负债比率,是指企业负债总额对资产总额的比率,反映企业资产对债权人权益的保障程度。

$$资产负债率(简称负债比率) = 负债总额 \div 资产总额 \times 100\%$$

一般情况下,资产负债率越小,说明企业长期偿债能力越强。保守的观点认为,资产负债率不应高于 50%,而国际上通常认为资产负债率等于 60% 时较为适当。对债权人来说,该指标越小越好,这样,债务人的偿债就越有保证。对企业所有者来说,该指标过小,表明企业对财务杠杆利用不够。所以,企业的经营决策者应当将偿债能力指标与获利能力指标结合起来分析。

(2) 产权比率。产权比率也称资本负债率,是指企业负债总额与所有者权益总额的比率,反映企业所有者权益对债权人权益的保障程度。

$$产权比率 = 负债总额 \div 所有者权益总额 \times 100\%$$

一般情况下,产权比率越低,说明企业长期偿债能力越强。产权比率与资产负债率对评价偿债能力的作用基本相同,两者的主要区别是:资产负债率侧重于分析债务偿付安全性的物质保障程度;产权比率则侧重于揭示财务结构的稳健程度以及自有资金对偿债风险的承受能力。

(3) 或有负债比率。或有负债比率是指企业或有负债总额对所有者权益总额的比率,反映企业所有者权益应对可能发生的或有负债的保障程度。

$$或有负债比率 = 或有负债总额 \div 所有者权益总额 \times 100\%$$

$$或有负债总额 = 已贴现商业承兑汇票金额 + 对外担保金额 + 未决诉讼、未决仲裁金额(除贴现与担保引起的诉讼或仲裁外) + 其他或有负债金额$$

(4) 已获利息倍数。已获利息倍数是指企业一定时期息税前利润与利息支出的比率,反映了获利能力对债务偿付的保障程度。其中,息税前利润总额指利润总额与利息支出的合计数,利息支出指实际支出的借款利息、债券利息等。

$$已获利息倍数 = 息税前利润总额 \div 利息支出$$

其中: $\quad$ 息税前利润总额 = 利润总额 + 利息支出

一般情况下,已获利息倍数越高,说明企业长期偿债能力越强。国际上通常认为,该指标为3时较为适当,从长期来看至少应大于1。

(5) 带息负债比率。带息负债比率是指企业某一时点的带息负债总额与负债总额的比率,反映企业负债中带息负债的比重,在一定程度上体现了企业未来的偿债(尤其是偿还利息)压力。

$$带息负债比率 = 带息负债总额 \div 负债总额 \times 100\%$$

$$带息负债总额 = 短期借款 + 1年内到期的长期负债 + 长期借款 + 应付债券 + 应付利息$$

2. 反映资产运营能力指标

资产运营能力,即企业运营资产的效率。资产运营能力的强弱取决于资产的周转速度、资产运行状况和资产管理水平等多种因素。

资产的周转速度,通常用周转率和周转期来表示。周转率,是企业在一定时期内资产的周转额与平均余额的比率,反映企业资产在一定时期的周转次数。周转次数越多,表明周转速度越快,资产运营能力越强。周转期,是周转次数的倒数与计算期天数的乘积,反映资产周转一次所需要的天数。周转期越短,表明周转速度越快,资产运营能力越强。

$$周转率(周转次数) = 周转额 \div 资产平均余额$$

$$周转期(周转天数) = \frac{计算期天数}{周转次数} = \frac{资产平均余额}{周转额} \times 计算期天数$$

生产资料运营能力可以从流动资产周转情况、固定资产周转情况和总资产周转情况等方面进行分析。

1) 流动资产周转情况。反映流动资产周转情况的指标主要有应收账款周转率、存货周转率和流动资产周转率。

(1) 应收账款周转率。应收账款周转率是企业一定时期营业收入与平均应收账款余额的比率,反映企业应收账款变现速度的快慢和管理效率的高低。

$$应收账款周转率(周转次数)=营业收入平均÷应收账款余额$$

其中:平均应收账款余额=(应收账款余额年初数+应收账款余额年末数)÷2

$$应收账款周转期(周转天数)=平均应收账款余额×360÷营业收入$$

一般情况下,应收账款周转率越高越好,应收账款周转率高,表明收账迅速,账龄较短;资产流动性强,短期偿债能力强;可以减少坏账损失等。

(2) 存货周转率

存货周转率是企业一定时期营业成本(或销售成本,本章下同)与平均存货余额的比率,反映企业生产经营各环节的管理状况以及企业的偿债能力和获利能力。

$$存货周转率(周转次数)=营业成本÷平均存货余额$$

其中: 平均存货余额=(存货余额年初数+存货余额年末数)÷2

$$存货周转期(周转天数)=平均存货余额×360÷营业成本$$

一般情况下,存货周转率越高越好。存货周转率高,表明存货变现的速度快;周转额较大,表明资金占用水平较低。

(3) 流动资产周转率。流动资产周转率是企业一定时期营业收入与平均流动资产总额的比率。

$$流动资产周转率(周转次数)=营业收入÷平均流动资产总额$$

其中:平均流动资产总额=(流动资产总额年初数+流动资产总额年末数)÷2

$$流动资产周转期(周转天数)=平均流动资产总额×360÷营业收入$$

一般情况下,流动资产周转率越高越好。流动资产周转率高,表明以相同的流动资产完成的周转额较多,流动资产利用效果较好。

2) 固定资产周转情况。反映固定资产周转情况的主要指标是固定资产周转率,它是企业一定时期营业收入与平均固定资产净值的比值。

$$固定资产周转率(周转次数)=营业收入÷平均固定资产净值$$

其中:$平均固定资产净值=(固定资产净值年初数+固定资产净值年末数)÷2$

$$固定资产周转期(周转天数)=平均固定资产净值×360÷营业收入$$

一般情况下,固定资产周转率越高越好。固定资产周转率高,表明企业固定资产利用充分,固定资产投资得当,固定资产结构合理,能够充分发挥效率。

3) 总资产周转情况。反映总资产周转情况的主要指标是总资产周转率,它是企业一定时期营业收入与平均资产总额的比值。

$$总资产周转率(周转次数)=营业收入÷平均资产总额$$

其中:$平均资产总额=(资产总额年初数+资产总额年末数)÷2$

$$总资产周转期(周转天数)=平均资产总额×360÷营业收入$$

一般情况下,总资产周转率越高越好。总资产周转率高,表明企业全部资产的使用效率较高。

4) 其他资产质量指标。不良资产比率和资产现金回收率等指标也能够反映资产的质量状况和资产的利用效率,从而在一定程度上体现生产资料的运营能力。

$$不良资产比率=(资产减值准备余额+应提未提和应摊未摊的潜亏挂账+未处理资产损失)÷(资产总额+资产减值准备余额)×100\%$$

$$资产现金回收率=经营现金净流量÷平均资产总额×100\%$$

3. 反映获利能力指标

获利能力就是企业资金增值的能力,通常表现为企业收益数额的大小与水平的高低。获利能力指标主要包括营业利润率、成本费用利润率、盈余现金保障倍数、总资产报酬率和净资产收益率等。

1) 营业利润率。营业利润率是企业一定时期营业利润与营业收入的比率。

$$营业利润率 = 营业利润 \div 营业收入 \times 100\%$$

营业利润率越高,表明企业市场竞争力越强,发展潜力越大,盈利能力越强。

实务中也经常使用营业毛利率、营业净利率等指标来分析企业经营业务的获利水平。

$$营业毛利率 = (营业收入 - 营业成本) \div 营业收入 \times 100\%$$
$$营业净利率 = 净利润 \div 营业收入 \times 100\%$$

2) 成本费用利润率。成本费用利润率是企业一定时期利润总额与成本费用总额的比率。

$$成本费用利润率 = 利润总额 \div 成本费用总额 \times 100\%$$

其中:成本费用总额 = 营业成本 + 营业税金及附加 + 销售费用 + 管理费用 + 财务费用

成本费用利润率越高,表明企业为取得利润而付出的代价越小,成本费用控制得越好,盈利能力越强。

3) 盈余现金保障倍数。盈余现金保障倍数是企业一定时期经营现金净流量与净利润的比值,反映了企业当期净利润中现金收益的保障程度,真实反映了企业盈余的质量。

$$盈余现金保障倍数 = 经营现金净流量 \div 净利润$$

一般来说,当企业当期净利润大于 0 时,盈余现金保障倍数应当大于 1。该指标越大,表明企业经营活动产生的净利润对现金的贡献越大。

4) 总资产报酬率。总资产报酬率,是企业一定时期内获得的报酬总额与平均资产总额的比率,反映了企业资产的综合利用效果。

$$总资产报酬率 = 息税前利润总额 \div 平均资产总额 \times 100\%$$

其中: 息税前利润总额 = 利润总额 + 利息支出

一般情况下,总资产报酬率越高,表明企业的资产利用效益越好,整个企业盈利能力越强。

5) 净资产收益率。净资产收益率,是企业一定时期净利润与平均净资产的比率,反映了企业自有资金的投资收益水平。

$$净资产收益率 = 净利润 \div 平均净资产 \times 100\%$$

其中: 平均净资产 = (所有者权益年初数 + 所有者权益年末数) ÷ 2

一般认为,净资产收益率越高,企业自有资本获取收益的能力越强,运营效益越好,对企业投资人、债权人利益的保证程度越高。

4. 反映发展能力指标

发展能力是企业在生存的基础上,扩大规模、壮大实力的潜在能力。分析发展能力主要考察以下八项指标:营业收入增长率、资本保值增值率、资本积累率、总资产增长率、营业利润增长率、技术投入比率、营业收入3年平均增长率和资本3年平均增长率等。

1) 营业收入增长率。营业收入增长率是企业本年营业收入增长额与上年营业收入总额的比率,反映企业营业收入的增减变动情况。

$$营业收入增长率 = 本年营业收入增长额 \div 上年营业收入总额 \times 100\%$$

其中:本年营业收入增长额 = 本年营业收入总额 − 上年营业收入总额

营业收入增长率大于零,表明企业本年营业收入有所增长。该指标值越高,表明企业营业收入的增长速度越快,企业市场前景越好。

2) 资本保值增值率。资本保值增值率是企业扣除客观因素后的本年末所有者权益总额与年初所有者权益总额的比率,反映企业当年资本在企业自身努力下实际增减变动的情况。

$$\frac{资本保值}{增\ 值\ 率} = \frac{扣除客观因素后的本年末所有者权益总额}{年初所有者权益总额} \times 100\%$$

一般认为,资本保值增值率越高,表明企业的资本保全状况越好;所有者权益增长越快,债权人的债权越有保障。该指标通常应当大于100%。

3) 资本积累率。资本积累率是企业本年所有者权益增长额与年初所有者权益的比率,反映企业当年资本的积累能力。

资本积累率＝本年所有者权益增长额÷年初所有者权益×100％

资本积累率越高,表明企业的资本积累越多,应对风险、持续发展的能力越强。

4) 总资产增长率。总资产增长率是企业本年总资产增长额与年初资产总额的比率,反映企业本期资产规模的增长情况。

总资产增长率＝本年总资产增长额÷年初资产总额×100％

其中：本年总资产增长额＝年末资产总额－年初资产总额

总资产增长率越高,表明企业一定时期内资产经营规模扩张的速度越快。但在分析时,需要关注资产规模扩张的质和量的关系,以及企业的后续发展能力,避免盲目扩张。

5) 营业利润增长率。营业利润增长率是企业本年营业利润增长额与上年营业利润总额的比率,反映企业营业利润的增减变动情况。

营业利润增长率＝本年营业利润增长额÷上年营业利润总额×100％

其中：本年营业利润增长额＝本年营业利润总额－上年营业利润总额

6) 技术投入比率。技术投入比率是企业本年科技支出(包括用于研究开发、技术改造、科技创新等方面的支出)与本年营业收入的比率,反映企业在科技进步方面的投入,在一定程度上可以体现企业的发展潜力。

技术投入比率＝本年科技支出合计÷本年营业收入×100％

7) 营业收入3年平均增长率。营业收入3年平均增长率表明企业营业收入连续3年的增长情况,反映企业的持续发展态势和市场扩张能力。

$$营业收入3年平均增长率=\left(\sqrt[3]{\frac{本年营业收入}{3年前营业收入}}-1\right)\times 100\%$$

一般认为,营业收入3年平均增长率越高,表明企业营业持续增长势头越好,市场扩张能力越强。

8) 资本3年平均增长率。资本3年平均增长率表示企业资本连续3年的积累情况,在一定程度上反映了企业的持续发展水平和发展趋势。

$$资本3年平均增长率=\left(\sqrt[3]{\frac{年末所有者权益总额}{3年前年末所有者权益总额}}-1\right)\times100\%$$

一般认为，资本3年平均增长率越高，表明企业所有者权益得到保障的程度越大，应对风险和持续发展的能力越强。

5. 反映社会贡献指标

社会贡献指标可以衡量企业对国家或社会贡献水平的高低，主要有社会贡献率、社会积累率等。

$$社会贡献率=企业社会贡献总额\div企业平均资产总额\times100\%$$

企业社会贡献总额包括：工资（含奖金、津贴等工资性支出）、社会保险费支出、公益救济性捐赠支出、利息支出净额、应交税费、净利润等。

$$社会积累率=上缴国家财政总额\div企业社会贡献总额\times100\%$$

上缴国家财政总额包括：应交税费及政府非税收入等。

此外，企业还可以进行创新能力的分析。企业能否及时、有效地吸收并运用现代管理的理念与方法，及时实现技术创新、体制创新和机制创新，是企业能否成功的关键。创新能力可以通过对引进人才、引进设备、引进外资、新产品投产、新市场开拓、新技术使用和高新技术开发等方面进行分析与评价。

（三）运营分析与评价标准

1. 经验标准

它是依据长期的、大量的实践经验检验形成的标准，如流动比率为2，速动比率为1，等等。

2. 历史标准

它是依据本企业过去某一时期的实际业绩数据形成的标准，可以选择企业历史最高水平，也可以选择企业正常经营条件下的水平。

3. 行业标准

即按行业的基本水平或竞争对手的指标水平所选择的标准。

(四)运营分析方法

1. 财务指标评价方法

企业财务业绩评价中最常见的是基于财务报告的财务评价指标,包括上述提到的盈利能力指标、偿债能力指标、运营能力指标和发展能力指标分析等,可以采用比较分析法、结构分析法、趋势分析法、因素分析法和平衡分析法进行分析。

2. 非财务指标评价方法

即通过主观分析、判断,得出评价结果。随着企业经营环境的日益复杂化,很多管理者都认识到财务指标评价方法的局限性,在实际工作中开始引进非财务指标,如经营者基本素质等,并采用相应的调查问卷法、打分评价法等。

3. 综合评价方法

即在应用各种财务评价方法的基础上,将财务指标与非财务指标结合起来,得出财务评价结论,如杜邦分析体系、沃尔比重分析法等。

杜邦分析体系是利用各财务指标间的内在关系,对企业综合经营理财及经济效益进行系统分析、评价的方法。该体系以净资产收益率为核心,将其分解为若干财务指标,通过分析各分解指标的变动对净资产收益率的影响来揭示企业获利能力及其变动原因。杜邦财务分析图如图 4-2 所示。

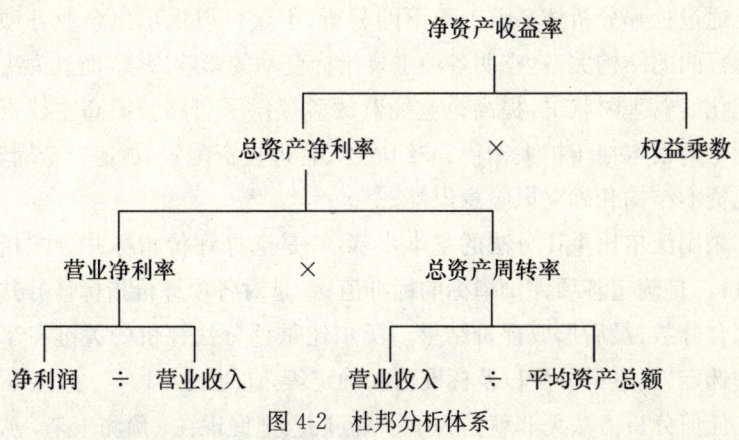

图 4-2 杜邦分析体系

上述指标之间的关系如下：

（1）净资产收益率是一个综合性最强的财务比率，是杜邦财务分析体系的核心。其他各项指标都是围绕这一核心，通过研究彼此间的依存制约关系，揭示企业的获利能力及其前因后果。财务管理的目标是使所有者财富最大化，净资产收益率反映所有者投入资金的获利能力，反映企业筹资、投资、资产运营等活动的效率；提高净资产收益率是实现财务管理目标的基本保证。该指标的高低取决于营业净利率、总资产周转率和权益乘数。

（2）营业净利率反映了企业净利润与营业收入的关系。提高营业净利率是提高企业盈利的关键。提高营业净利率主要有两个途径：一是扩大营业收入；二是降低成本费用。

（3）总资产周转率揭示企业资产总额实现营业收入的综合能力。企业应当联系营业收入，分析企业资产的使用是否合理；资产总额中流动资产和非流动资产的结构安排是否适当。此外，还必须对资产的内部结构以及影响资产周转率的各具体因素进行分析。

（4）权益乘数反映所有者权益与总资产的关系。权益乘数越大，说明企业负债程度越高，能给企业带来较大的财务杠杆利益，但同时也给企业带来了较大的偿债风险。因此，企业既要合理使用全部资产，又要妥善安排资本结构。

通过杜邦分析体系自上而下的分析，不仅可以揭示出企业各项财务指标间的结构关系，查明各项主要指标变动的影响因素，而且为决策者优化经营理财状况，提高企业经营效益提供了思路。提高主权资本净利率的根本在于扩大销售、节约成本、合理投资配置、加速资金周转、优化资本结构和确立风险意识等。

采用沃尔比重评分法的基本步骤：一是选择评价指标并分配指标权重；二是确定各项评价指标的标准值；三是对各项评价指标计分并计算综合分数；最后形成评价结果。沃尔比重评分法评价的关键在于指标的选定、权重的分配以及标准值的确定等，详见表4-1。

任何分析方法无非就是为了了解过去、把握现在、预测未来，从而

表 4-1

沃尔比重评分指标、权重与标准值

选 择 的 指 标	分配的权重	指标的标准值
一、偿债能力指标	20	
1. 资产负债率	12	60%
2. 已获利息倍数	8	3
二、获利能力指标	38	
1. 净资产收益率	25	25%
2. 总资产报酬率	13	16%
三、运营能力指标	18	
1. 总资产周转率	9	2
2. 流动资产周转率	9	5
四、发展能力指标	24	
1. 营业增长率	12	10%
2. 资本积累率	12	15%
	100	

为诊断企业服务,并有利于企业保健或投资决策。试想:不知道过去与现在,如何预测未来? 没有分析与评价,如何进行企业诊断? 没有经过诊断,如何知道病请对症下药呢? 从内部来看,分析与企业诊断的目的都是为了企业保健,促使企业健康、安全地成长;从外部来看,分析与企业诊断都是为了提供真实、有效的信息,并有利于投资决策。事实证明,企业诊断与企业决策正确与否,确实离不开分析技术方法的正确运用。

  分析方法服从于分析目的,企业应当根据不同的分析目的,采用不同的分析方法。例如,对指标的完成情况分析可以采用对比分析法、比率分析法等;对未来发展趋势的预测,往往需要用到回归分析法等;对流动性的分析,往往需要用到比率分析法和结构分析等;对计划执行情况的深入分析，往往需要用到因素分析法等。

分析方法是一个系统工程，具体运用时应当注意科学性和完整性。例如，对收入增长额和增长率的分析可运用对比分析法，对收入增长速度的分析可运用趋势分析法，对主营业务收入占全部收入的比重、应收账款占主营业务收入的比重、应收账款账龄及其比重分析可运用结构分析法；对应收账款周转速度分析可运用比率分析法；对收入增长的可持续发展分析可运用平衡分析法等。

通过分析矛盾，确定差距以后，还应当揭示各项指标之间的重要关系及相互间的影响程度，具体确定哪些是主要因素与次要因素，哪些是主观因素与客观因素，哪些是有利因素与不利因素等，以利于追根究底，探本寻源，明确区分影响这些指标完成程度的原因及责任，查明影响企业财务状况、经营成果和现金流量的主要因素和确切原因。

撰写分析报告是分析工作的总结，它是将分析对象、分析目的、分析程序、分析评价及提出的改进建议以书面形式表示出来。分析报告首先要求数据确凿，内容没有虚假、严重误导性陈述或者重大遗漏。其次要求观点要鲜明，是就是，非就非，避免模棱两可的结论。再者要求语言朴素，应当尽可能让缺乏专业知识的使用者读懂专业性很强的分析报告。在分析报告中，还应当对分析时期、分析过程、所采用的分析方法和依据作出说明；对分析的主要内容和结果作出概括；同时还应当对分析资料、分析方法的局限性作出解释；如有必要还可以提示分析报告内涵的风险。

从总体上看，运营分析应当是一项经常性的控制活动，要求企业综合运用各种信息资料，采用各种方法，在定期分析的基础上，发现问题，查找原因，解决好问题。

七、绩效考评控制

（一）绩效考评控制的基本要求

绩效考评是指将实际业绩与其评价标准，如将前期业绩、预算和外部基准尺度进行比较，对运营业绩等所进行的评价。《基本规范》第三十五条规定,实行绩效考评控制,"要求企业建立和实施绩效考评制度。科学设置考核指标体系,对企业内部各责任单位和全体员工的业绩进行定期考核和客观评价,将考评结果作为确定员工薪酬以及职务晋升、评优、降级、调岗、辞退等的依据。"

(二) 绩效考评控制的基本程序

(1) 企业应当建立绩效考评的组织机构,建立绩效分析与考评制度,定期召开绩效分析与考评会议,全面掌握绩效分析与考评的情况。绩效分析与考评应当与企业全面预算工作结合起来通盘考虑。

(2) 企业应当定期组织绩效考评审计或财务预算审计,纠正绩效考评或财务预算执行中存在的问题,充分发挥内部审计的监督作用,维护财务预算管理的严肃性。

绩效考评审计或财务预算审计可以全面审计,也可以抽样审计。在特殊情况下,企业也可组织不定期的专项审计。

审计工作结束后,企业内部审计机构应当形成审计报告,直接提交财务预算委员会以至董事会,作为财务预算调整、改进内部经营管理和财务考核的一项重要参考。

(3) 年度终了,财务预算委员会应当向董事会报告财务预算执行情况,并依据财务预算完成情况和财务预算审计情况对预算执行单位进行考核。

企业内部预算执行单位上报的财务预算执行报告,应经本部门、本单位负责人按照内部议事规范审议通过,作为企业进行财务考核的基本依据。

(4) 企业财务预算执行考核是企业效绩评价的主要内容,应当结合年度内部经济责任制考核进行,与预算执行单位负责人的奖惩挂钩,并作为企业内部人力资源管理的参考。

(三) 企业绩效评价

企业内部控制评价和企业绩效评价都是为了促进企业提高经营效率和效果,促进企业实现发展战略,所以两者也可以有机结合。效绩评价是评价企业业绩和效率的一项新的制度,是指运用科学、规范的评价方法,对企业一定经营期间的资产运营、财务效益等经营成果,进行定量及定性对比分析,作出真实、客观、公正的综合评判。

1999年6月1日,我国财政部、国家经贸委、人事部和国家计委联合发布了《国有资本金效绩评价规则》和《国有资本金效绩评价操作细则》,2005年2月,又制定了《企业效绩评价操作细则(修订)》。

根据《中央企业综合绩效评价管理暂行办法》(国资委令第14号),国务院国有资产监督管理委员会发布了《中央企业综合绩效评价实施细则》(国资发评价〔2006〕157号)。该细则自2006年10月12日起施行。

开展企业综合绩效评价应当充分体现市场经济原则和资本运营特征,以投入产出分析为核心,运用定量分析与定性分析相结合、横向对比与纵向对比互为补充的方法,综合评价企业经营绩效和努力程度,促进企业提高市场竞争能力。

企业综合绩效评价指标由二十二个财务绩效定量评价指标和八个管理绩效定性评价指标组成。

1. 财务绩效定量评价指标

该指标由反映企业盈利能力状况、资产质量状况、债务风险状况和经营增长状况等四个方面的八个基本指标和十四个修正指标构成,用于综合评价企业财务报表所反映的经营绩效状况。

2. 企业管理绩效定性评价指标

该指标包括战略管理、发展创新、经营决策、风险控制、基础管理、人力资源、行业影响和社会贡献等八个方面的指标,主要反映企业在一定经营期间所采取的各项管理措施及其管理成效。

企业综合效绩评价指标及权重表如表4-2所示。

企业综合绩效评价指标权重实行百分制,指标权重依据评价指标的重要性和各指标的引导功能,通过征求咨询专家意见和组织必要的测试进行确定。

企业综合绩效评价计分方法采取功效系数法和综合分析判断法,其中:功效系数法用于财务绩效定量评价指标的计分,综合分析判断法

表 4-2

企业综合绩效评价指标及权重表

评价内容与权数		财务绩效(70%)				管理绩效(30%)	
评价内容	权数 100	基本指标	权数 100	修正指标	权数 100	评议指标	权数 100
一、盈利能力状况	34	净资产收益率	20	销售(营业)利润率	10	战略管理	18
				盈余现金保障倍数	9		
		总资产报酬率	14	成本费用利润率	8	发展创新	15
				资本收益率	7		
二、资产质量状况	22	总资产周转率	10	不良资产比率	9	经营决策	16
				流动资产周转率	7		
		应收账款周转率	12	资产现金回收率	6	风险控制	13
三、债务风险状况	22	资产负债率	12	速动比率	6	基础管理	14
				现金流动负债比率	6		
		已获利息倍数	10	带息负债比率	5		
				或有负债比率	5	人力资源	8
四、经营增长状况	22	销售(营业)增长率	12	销售(营业)利润增长率	10	行业影响	8
				总资产增长率	7		
		资本保值增值率	10	技术投入比率	5	社会贡献	8

用于管理绩效定性评价指标的计分。

财务绩效定量评价指标权重确定为 70%,管理绩效定性评价指标权重确定为 30%。

$$\text{企业综合绩效评价分数} = \text{财务绩效定量评价分数} \times 70\% + \text{管理绩效定性评价分数} \times 30\%$$

分析比较需要有一定的评判标准。目前,我国的评价标准值由财政部统一测算,每年颁布一次,从而使企业经营效绩评价具有评价标准性和可比性。采用统一的评价标准值,便于企业在同行业、同规模和同领域内进行比较,并减少了评价工作中的人为因素。企业通过横向对比,可以确定自身在同行业、同规模以及在国民经济中的水平和地位。确定评价标准是开展企业效绩评价的关键环节之一。

现将2011年全国企业绩效评价标准值有关指标汇总列示如表4-3、表4-4、表4-5和表4-6所示,供分析与评价对照。

表4-3

2011年全国国有企业绩效评价标准值

范围:全行业

项　目	优秀值	良好值	平均值	较低值	较差值
一、盈利能力状况					
净资产收益率(%)	13.5	9.9	6.2	0.6	−8.3
总资产报酬率(%)	9.3	6.8	4.6	0.5	−5.4
主营业务利润率(%)	22.4	15.3	10.0	2.6	−4.8
盈余现金保障倍数	11.1	5.4	1.2	−1.0	−3.8
成本费用利润率(%)	12.2	8.5	4.8	1.0	−5.1
资本收益率(%)	14.6	10.7	7.0	1.0	−5.2
二、资产质量状况					
总资产周转率(次)	1.6	1.0	0.5	0.3	0.1
应收账款周转率(次)	22.2	12.8	8.3	4.0	1.9
不良资产比率(新制度)(%)	0.3	1.4	3.4	6.3	13.9
流动资产周转率(次)	3.0	1.9	1.5	1.0	0.6
资产现金回收率(%)	21.7	10.0	3.9	−2.5	−8.9
三、债务风险状况					
资产负债率(%)	44.7	55.2	65.2	80.7	92.7
已获利息倍数	5.9	4.5	3.2	0.7	−1.7
速动比率(%)	134.8	98.0	75.0	57.5	36.6
现金流动负债比率(%)	27.2	20.4	10.9	−2.8	−9.4

（续表）

项 目	优秀值	良好值	平均值	较低值	较差值
带息负债比率(%)	25.7	37.2	52.3	71.6	84.6
或有负债比率(%)	0.5	1.9	5.2	11.8	18.0
四、经营增长状况					
销售(营业)增长率(%)	26.9	19.6	15.0	1.7	−9.9
资本保值增值率(%)	113.4	108.9	106.1	101.3	91.0
销售(营业)利润增长率(%)	25.9	18.9	13.9	0.4	−8.6
总资产增长率(%)	19.9	16.1	10.4	−3.7	−11.8
技术投入比率(%)	1.8	1.3	1.0	0.7	0.3
五、补充资料					
存货周转率(次)	18.5	12.0	5.3	2.7	0.8
资本积累率(%)	18.7	13.5	8.4	0.9	−8.8
三年资本平均增长率(%)	18.8	13.9	8.9	1.5	−8.4
三年销售平均增长率(%)	25.5	18.2	11.0	−3.9	−15.5
不良资产比率(旧制度)(%)	0.3	1.2	4.0	8.9	19.6

表 4-4

2011年全国国有企业绩效评价标准值

范围：大型企业

项 目	优秀值	良好值	平均值	较低值	较差值
一、盈利能力状况					
净资产收益率(%)	15.7	12.4	8.3	1.6	−4.7
总资产报酬率(%)	11.6	9.6	6.0	1.0	−3.5
主营业务利润率(%)	27.4	21.5	14.4	8.6	0.8
盈余现金保障倍数	11.8	5.3	1.5	−0.7	−3.2

(续表)

项　　目	优秀值	良好值	平均值	较低值	较差值
成本费用利润率(%)	14.9	11.7	8.0	3.5	-2.4
资本收益率(%)	19.2	14.3	9.3	3.4	-1.1
二、资产质量状况					
总资产周转率(次)	1.5	1.0	0.5	0.4	0.1
应收账款周转率(次)	25.7	18.1	10.1	5.8	2.4
不良资产比率（新制度）(%)	0.1	0.8	1.7	4.6	10.8
流动资产周转率(次)	2.9	1.9	1.5	1.1	0.7
资产现金回收率(%)	22.4	14.6	6.2	-1.2	-5.8
三、债务风险状况					
资产负债率(%)	41.7	51.4	58.7	75.0	86.7
已获利息倍数	6.8	5.0	3.4	1.1	-1.4
速动比率(%)	145.1	118.0	77.5	65.0	45.3
现金流动负债比率(%)	32.5	25.7	16.0	-1.8	-7.8
带息负债比率(%)	24.1	33.3	47.7	69.6	81.9
或有负债比率(%)	0.4	1.8	5.7	11.7	17.7
四、经营增长状况					
销售(营业)增长率(%)	34.4	27.1	19.7	8.8	-3.2
资本保值增值率(%)	115.6	111.7	107.3	101.6	94.9
销售（营业）利润增长率(%)	24.8	17.9	12.9	1.1	-7.4
总资产增长率(%)	19.3	15.7	9.4	-2.3	-9.3
技术投入比率(%)	2.0	1.6	1.3	0.9	0.5
五、补充资料					
存货周转率(次)	21.4	13.6	6.1	3.0	0.9

(续表)

项目	优秀值	良好值	平均值	较低值	较差值
资本积累率(%)	19.9	14.8	9.7	2.1	−6.4
三年资本平均增长率(%)	21.0	15.7	10.1	3.5	−6.0
三年销售平均增长率(%)	26.0	18.8	12.1	1.3	−11.8
不良资产比率（旧制度）(%)	0.2	0.7	1.2	6.6	17.3

表 4-5

2011 年全国国有企业绩效评价标准值

范围：中型企业

项目	优秀值	良好值	平均值	较低值	较差值
一、盈利能力状况					
净资产收益率(%)	13.9	10.5	5.8	−0.7	−7.6
总资产报酬率(%)	8.6	5.8	3.2	−0.6	−5.2
主营业务利润率(%)	24.5	17.6	10.3	3.2	−3.8
盈余现金保障倍数	12.5	5.8	1.2	−1.1	−5.7
成本费用利润率(%)	14.0	9.8	5.2	0.1	−7.7
资本收益率(%)	16.5	10.8	6.2	−1.9	−8.6
二、资产质量状况					
总资产周转率(次)	1.6	1.1	0.7	0.4	0.1
应收账款周转率(次)	25.8	16.9	7.0	3.0	1.2
不良资产比率（新制度）(%)	0.3	1.5	2.9	7.9	19.2
流动资产周转率(次)	3.7	2.7	1.5	0.9	0.6
资产现金回收率(%)	20.1	12.5	4.3	−3.2	−8.0

(续表)

项　　目	优秀值	良好值	平均值	较低值	较差值
三、债务风险状况					
资产负债率(%)	45.2	55.4	63.2	75.3	88.8
已获利息倍数	4.7	3.5	2.1	0.8	−0.9
速动比率(%)	126.2	94.7	74.3	64.1	39.7
现金流动负债比率(%)	28.5	19.9	8.6	−5.2	−10.4
带息负债比率(%)	26.5	37.7	51.7	75.5	86.7
或有负债比率(%)	0.7	2.2	5.1	12.4	20.2
四、经营增长状况					
销售(营业)增长率(%)	32.6	24.8	18.4	0.8	−9.6
资本保值增值率(%)	112.5	107.7	104.6	99.1	92.0
销售(营业)利润增长率(%)	28.3	21.8	14.4	1.8	−7.3
总资产增长率(%)	21.8	16.5	10.7	−4.4	−12.1
技术投入比率(%)	1.5	1.3	1.0	0.7	0.4
五、补充资料					
存货周转率(次)	17.0	9.5	4.4	2.6	0.8
资本积累率(%)	17.1	11.2	5.4	−0.5	−9.8
三年资本平均增长率(%)	18.9	11.9	6.1	−0.1	−9.4
三年销售平均增长率(%)	23.9	16.5	9.7	−7.7	−18.2
不良资产比率(旧制度)(%)	0.5	2.0	4.0	9.8	23.9

表 4-6

2011 年全国国有企业绩效评价标准值

范围：小型企业

项　目	优秀值	良好值	平均值	较低值	较差值
一、盈利能力状况					
净资产收益率(%)	10.7	7.8	4.9	－2.6	－9.4
总资产报酬率(%)	6.5	4.7	2.6	－1.5	－5.4
主营业务利润率(%)	19.9	14.2	8.0	1.7	－7.0
盈余现金保障倍数	11.0	5.6	0.3	－2.9	－6.2
成本费用利润率(%)	9.8	5.5	2.8	－2.4	－10.4
资本收益率(%)	12.0	8.1	5.3	－3.5	－11.2
二、资产质量状况					
总资产周转率(次)	1.8	1.2	0.5	0.2	0.1
应收账款周转率(次)	20.8	12.1	6.5	2.7	1.4
不良资产比率（新制度）(%)	0.5	1.7	3.7	11.5	22.9
流动资产周转率(次)	3.3	2.3	1.6	1.0	0.6
资产现金回收率(%)	18.5	9.5	0.4	－5.8	－13.8
三、债务风险状况					
资产负债率(%)	48.3	57.5	68.3	85.8	92.7
已获利息倍数	3.9	2.8	1.7	－0.9	－3.0
速动比率(%)	154.6	124.6	87.3	55.6	34.2
现金流动负债比率(%)	20.9	13.3	4.8	－6.2	－14.2
带息负债比率(%)	30.9	41.8	55.0	75.3	91.5
或有负债比率(%)	0.8	2.2	6.0	12.4	18.4
四、经营增长状况					
销售(营业)增长率(%)	24.3	17.2	6.4	－7.3	－15.7

(续表)

项　目	优秀值	良好值	平均值	较低值	较差值
资本保值增值率(%)	108.5	106.4	104.1	96.5	89.8
销售（营业）利润增长率(%)	23.3	15.8	7.0	−5.4	−14.3
总资产增长率(%)	20.9	13.1	5.4	−6.4	−15.4
技术投入比率(%)	1.2	1.0	0.7	0.5	0.3
五、补充资料					
存货周转率(次)	18.4	10.6	3.1	1.8	0.7
资本积累率(%)	12.3	9.4	5.7	−3.9	−12.6
三年资本平均增长率(%)	13.6	10.9	7.2	−2.5	−13.2
三年销售平均增长率(%)	18.4	10.9	4.0	−13.5	−24.0
不良资产比率（旧制度）(%)	1.0	2.5	4.5	12.4	24.8

资料来源：国务院国资委财务监督与考核评价局制定《企业绩效评价标准值(2011)》，经济科学出版社 2011 年 5 月第 1 版。

企业在进行绩效考评时应当谨慎确认评价基础，并关注以下方面。

1) 企业综合绩效评价的基础数据资料主要包括企业提供的评价年度财务决算报表及审计报告、关于经营管理情况的说明等资料。

2) 为确保评价基础数据的真实、完整、合理，在实施评价前应当对评价期间的基础数据进行核实，按照重要性和可比性原则进行适当调整。

3) 在任期经济责任审计工作中开展任期财务绩效定量评价，其评价基础数据以财务审计调整后的数据为依据。

4) 企业评价期间会计政策与会计估计发生重大变更的，需要判断变更事项对经营成果的影响，产生重大影响的，应当调整评价基础数据,以保持数据口径基本一致。

5) 企业评价期间发生资产无偿划入划出的,应当按照重要性原则调整评价基础数据。原则上划入企业应纳入评价范围,无偿划出、关闭和破产(含进入破产程序)企业,不纳入评价范围。

6) 企业被出具非标准无保留意见审计报告的,应当根据审计报告披露的影响企业经营成果的重大事项,调整评价基础数据。

7) 国资委在财务决算批复中要求企业纠正、整改,影响企业财务报表、能够确认具体影响金额的,应当根据批复调整评价基础数据。

8) 企业在评价期间损益中消化处理以前年度或上一任期资产损失的,承担国家某项特殊任务或落实国家专项政策对财务状况和经营成果产生重大影响的,经国资委认定后,可作为客观因素调整评价基础数据。

除遇调整情况,须确认财务绩效评价软件数据与经审计的企业年度财务决算报表数据吻合。

9) 积极关注加分事项。对企业经济效益上升幅度显著、经营规模较大,有重大科技创新的企业,应当给予适当加分,以充分反映不同企业的努力程度和管理的难度,激励企业加强科技创新。具体的加分办法如下:

(1) 效益提升加分。企业年度净资产收益率、增长率和利润增长率超过行业平均增长水平 10%～40% 的,加 1～2 分;超过 40%～100% 的,加 3～4 分;超过 100% 的加 5 分。

(2) 管理难度加分。企业年度平均资产总额超过全部监管企业年度平均资产总额的给予加分,其中:工业企业超过平均资产总额的,每超 100 亿元加 0.5 分,非工业企业超过平均资产总额的,每超 60 亿元加 0.5 分,最多加 5 分。

(3) 重大科技创新加分。重大科技创新加分包括以下两个方面:企业承担国家重大科技攻关项目,并取得突破的,加 3～5 分;承担国家科技发展规划纲要目录内的重大科技专项主体研究,虽然尚未取得突破,但投入较大,加 1～2 分。

10) 重点关注不良事项与重大事项。具体如下所述:

(1) 发生属于当期责任的重大资产损失事项,损失金额超过平均资产总额1%的,或者资产损失金额未超过平均资产总额1%,但性质严重并造成重大社会影响的,扣5分。正常的资产减值准备计提不在此列。

(2) 发生重大安全生产与质量事故,根据事故等级,扣3~5分。

(3) 存在巨额表外资产,且占合并范围资产总额20%以上的,扣3~5分。

(4) 存在巨额逾期债务,逾期负债超过带息负债的10%,甚至发生严重债务危机的,扣2~5分。

对存在加分和扣分事项的,应当与企业和有关部门进行核实,获得必要的外部证据,并在企业综合绩效评价报告中加以单独说明。

(四) 经济利润与EVA分析

经济利润是指经济学中的利润概念,是指经济收入减去经济成本后的差额。经济收入不同于会计收入,经济成本不同于会计成本,因而经济利润也不同于会计利润。

1. 经济收入

经济收入包含期末净资产和期初净资产的差量。期末财产的市值超过期初财产市值的部分应当属于本期收入。

例如,某企业年初净资产为500万元,年末净资产升值为700万元,本年收入为1 000万元,经济学家则认为该企业的总收入为1 200万元,其中包括200万元的净资产增值。

2. 经济成本

经济成本不仅包括会计上实际支付的成本,而且还包括机会成本。例如,股东投入企业的资本也是有成本的,是本期成本的一部分,在计算利润时应当扣除。这样做的理由是,股东投入的资本是生产经营不可缺少的条件之一,并且这笔投资是有代价的。股东要求回报的正当要求不亚于债权人的利息要求。

3. 经济利润

计算经济利润的一种最简单的办法,是用息前税后利润减去企业的全部资本费用。复杂的方法是:逐项调整会计收入使之变为经济收入;同时,逐项调整成本使之变为经济成本;然后计算经济利润。

例如,某公司年初股东投入资本为480万元,向银行借款320万元,投资资本(投入资本加上有息负债)合计为800万元。本年度投资资本报酬(息前税后利润)率为20%,加权平均资本成本为10%,则该公司的经济利润计算如下:

$$经济利润=息前税后利润-全部资本费用=$$
$$800×20\%-(800×10\%)=$$
$$160-80=80(万元)$$

计算经济利润的另一种方法是用投资资本报酬率与资本成本之差,乘以投资资本。仍以上例为例,即:

$$经济利润=投资资本×(投资资本报酬率-加权平均资本成本)=$$
$$800×(20\%-10\%)=80(万元)$$

用这种方法计算得出的结果与前一种方法相同,其推导过程如下:

$$经济利润=税后净利润-股权费用=$$
$$息前税后利润-税后利息-股权费用=$$
$$息前税后利润-全部资本费用=$$
$$投资资本×投资资本报酬率-投资资本×加权平均资本成本=$$
$$投资资本×(投资资本报酬率-加权平均资本成本)$$

按照最简单的经济利润计算办法,经济利润与会计利润最主要的区别是它扣除了全部资本的费用,而会计利润仅仅扣除了债务利息。

经济利润模型与现金流量折现模型在本质上是一致的,但是经济利润具有可以计量单一年份价值增加的优点,而自由现金流量法却做不到。因为,任何一年的自由现金流量都受到净投资的影响,加大投资会减少当年的现金流量;推迟投资可以增加当年的现金流量。投资不是业绩不良的表现,而找不到投资机会反而是不好的征兆。因此,某个年度的现金流量不能成为计量业绩的依据。管理层可以为了改善某年的现金流量而推迟投资,但会使企业的长期价值创造受到损失。

20世纪80年代以来,在企业经营业绩评价方法中,最引人注目和应用最广泛的就是EVA(Economic Value Added)方法。其原意是税后净运营利润减去投入资本的机会成本后的所得,简言之,就是税后经营利润减去债务成本和股本成本,是所有成本被扣除后的剩余收入。根据EVA的创立者美国纽约斯特思·斯图尔特咨询公司的解释,EVA是指企业资本收益与资本成本之间的差额。更具体地说,EVA就是指企业税后营业净利润与全部投入资本(借入资本和自有资本之和)成本之间的差额。如果这一差额是正数,说明企业创造了价值,创造了财富;反之,则表示企业发生价值损失。如果差额为零,说明企业的利润仅能满足债权人和投资者预期获得的收益。

美国纽约斯特恩·新图尔特咨询公司认为,无论是会计收益还是经营现金流量指标都具有明显的缺陷。会计收益未考虑企业权益资本的机会成本,难以正确地反映企业的真实经营业绩;而经营现金流量虽然能正确反映企业的长期业绩,但却不是衡量企业年度经营业绩的有效指标。相反,EVA能够将这两方面有效地结合起来,因此是一种可以广泛用于企业内部和外部的业绩评价指标。

【案例分析与点评】

怎样才能有效评价经营业绩?

案例简介

甲公司成立于2002年,成立时的投资成本为8 000万元。为加快发展步伐,甲公司以实现利润最大化作为其财务目标,并将利润作为其业绩考评的核心指标。2008年,甲公司实现净利润600万元;2008年年初的所有者权益总额为5 000万元,有息长期负债为5 000万元(年利率为8%),长期负债水平在2008年度内未发生变动。甲公司的加权平均资金成本率为10%,其适用的所得税税率为25%。

乙公司成立于2003年,成立时的投资成本为8 000万元。为求得

第四讲 企业内部控制基本措施

长期稳定地发展,以增加企业价值为其战略目标,并确定以经济利润作为其业绩考核的核心指标。乙公司 2008 年实现净利润 550 万元;2008 年年初的所有者权益总额为 5 500 万元,有息长期负债为 4 500 万元(年利率为 7.6%),长期负债水平在 2008 年度内未发生变动。乙公司的加权平均资金成本率为 8%,适用的所得税税率为 25%。

案例分析点评

根据上述资料分别计算上述甲公司和乙公司的息前税后利润、年初投资资本回报率和经济利润;分析上述两个公司的财务目标,并对其会计利润和经济利润进行简要分析。

1. 计算甲公司的经济利润

甲公司的利息=5 000×8%=400(万元)

甲公司的息前税后利润=净利润+利息×(1-所得税税率)=
 600+400×(1-25%)=900(万元)

甲公司的年初投资成本=所有者权益+有息负债=
 5 000+5 000=10 000(万元)

甲公司的年初投资资本回报率=息前税后利润÷投资成本=
 900÷10 000=9%

甲公司的经济利润=(年初投资资本回报率-加权平均资金成本率)×
 投资资本=(9%-10%)×10 000=-100(万元)

2. 计算乙公司的经济利润

乙公司利息=4 500×7.6%=342(万元)

乙公司息前税后利润=净利润+利息×(1-所得税税率)=
 550+342×(1-25%)=806.5(万元)

乙公司年初投资资本=所有者权益+有息负债=5 500+4 500=
 10 000(万元)

乙公司年初投资资本回报率=息前税后利润÷投资成本=806.5÷10 000=
 8.07%

乙公司的经济利润=(年初投资资本回报率-加权平均资金成本率)×
 投资资本=(8.07%-8%)×10 000=7(万元)

根据上述材料，甲公司将会计利润作为企业财务战略的核心；而乙公司以经济利润作为企业财务战略的核心。

若以会计利润作为评价标准，甲公司2008年实现净利润600万元，而乙公司实现净利润550万元，由于甲公司的利润大于乙公司，故甲公司的经营业绩好于乙公司。

若以经济利润作为评价指标，甲公司2008年经济利润为-100万元，经济利润小于0，说明甲公司并不能给股东带来价值增值；而乙公司的经济利润为7万元，说明乙公司通过经营可以给股东增加价值。

采用的评价指标不同，有可能得出完全不同的结论。

现代企业财务管理要求企业建立以价值管理为核心的战略财务目标，应以经济利润作为业绩评价指标，用以客观考评企业经营业绩，这与企业资本提供者要求比投资资本成本更高的收益的目标相一致。经济利润消除了传统会计核算忽视股东资金成本的弊端，要求扣除全部所用资源的成本，包括股东权益资金成本，以更加全面地评估企业价值和经济状况。

第五讲　企业内部控制应用指引

一、企业内部控制环境类应用指引

(一) 组织架构应用指引

1. 组织架构的含义

组织架构是企业按照国家有关法律法规、股东(大)会决议和企业章程,结合本企业实际,明确股东(大)会、董事会、监事会、经理层和企业内部各层级机构设置、职责权限、人员编制、工作程序和相关要求的制度安排。

2. 组织架构风险关注点

任何企业,无论是处于新建、重组改制还是存续状态,要实施发展战略,必须要有科学的组织架构,主要包括治理结构和内部机构设置。如果企业治理结构形同虚设,缺乏科学决策、良性运行机制和执行力,就可能发生经营失败,2004年11月发生的震惊中外的中航油(新加坡)股份公司期权交易巨亏案就是一个典型。如果内部机构设置不科学,权责分配不合理,可能导致机构重叠、职能交叉或缺失,造成运行效率低下。

3. 组织架构控制要点

《组织架构应用指引》分3章共11条,着力解决企业应如何进行组织架构设计和运行,核心是如何加强组织架构方面的风险管控。《组织架构应用指引》的主要内容包括:制定本指引的必要性和依据;组织架构的本质、设计和运行过程中应关注的主要风险以及如何设计和运行组织架构等。为防范和化解组织架构设计和运行中存在的重要风险,《组织架构应用指引》明确提出以下控制要点:

(1) 要求企业根据法律、法规规定，明确董事会、监事会和经理层的职责权限、任职条件、议事规则和工作程序，确保决策、执行和监督相互分离，形成制衡。同时强调，企业的重大决策、重大事项、重要人事任免及大额资金支付业务等（即通常所说的"三重一大"），应当按照规定的权限和程序实行集体决策审批或者联签制度；任何个人不得单独进行决策或者擅自改变集体决策意见。

(2) 要求企业按照科学、精简、高效、透明、制衡的原则，综合考虑企业性质、发展战略、文化理念和管理要求等因素，合理设置内部职能机构，明确各机构的职责权限，避免职能交叉、缺失或权责过于集中，形成各司其职、各负其责、相互制约、相互协调的工作机制。

(3) 要求企业根据组织架构的设计规范，对现有治理结构和内部机构设置进行全面梳理，确保本企业治理结构、内部机构设置和运行机制等符合现代企业制度要求。

(4) 企业拥有子公司的，应当建立科学的投资管控制度，通过合法有效的形式履行出资人职责，维护出资人权益，重点关注子公司特别是异地、境外子公司的发展战略、年度财务预决算、重大投融资、重大担保、大额资金使用、主要资产处置、重要人事任免、内部控制体系建设等重要事项。

（二）发展战略应用指引

1. 发展战略的含义

发展战略是指企业在对现实状况和未来趋势进行综合分析和科学预测的基础上，制定并实施的长远发展目标与战略规划。

企业作为市场经济的主体，要想求得长期生存和持续发展，关键在于制定并有效实施适应外部环境变化和自身实际情况的发展战略。发展战略可以为企业找准市场定位，是企业执行层行动的指南，为内部控制设定了最高目标。

2. 发展战略风险关注点

制定发展战略是企业实现健康可持续发展的起点。而战略实施过程又是一个系统的有机整体，需要研发、生产、营销、财务、人力资源等各个职能部门间的密切配合。如果企业缺乏明确的发展战略或发展战略实施不到位,可能导致企业盲目发展,难以形成竞争优势,丧失发展机遇和动力。但如果发展战略过于激进,脱离企业实际能力或偏离主业,可能导致企业过度扩张,甚至经营失败;有些企业发展战略频繁变动,导致资源严重浪费,最后危及企业的生存和持续发展。战略的失败是最彻底的失败!

3. 发展战略控制要点

《发展战略应用指引》分3章共11条,阐明了为什么要制定和实施发展战略、如何制定发展战略以及如何实施发展战略等问题,并针对发展战略重要风险提出了以下控制要点:

(1) 要求企业健全组织机构,在董事会下设立战略委员会,或指定相关机构负责发展战略管理工作。

(2) 要求企业在充分调查研究、科学分析预测和广泛征求意见的基础上制定发展目标,而不是靠拍脑袋,盲目制定发展战略。在制定目标过程中,应综合考虑宏观经济政策、国内外市场需求变化、技术发展趋势、行业及竞争对手状况、可利用资源水平和自身优势与劣势等影响因素。

(3) 战略规划应当根据发展目标制定,明确发展的阶段性和发展程度,确定每个发展阶段的具体目标、工作任务和实施路径。董事会要从全局性、长期性和可行性等方面严格审议战略委员会提交的发展战略方案,之后再报经股东(大)会批准实施。

(4) 要求企业根据发展战略制定年度工作计划,编制全面预算,将年度目标分解、落实,确保发展战略有效实施。

(5) 要求企业建立发展战略评估制度,加强对战略制定与实施的事前、事中和事后评估。对发现明显偏离发展战略的情况,要求及时报告;对确需对发展战略作出调整的情形,明确要求企业要遵循规定的权限和程序调整发展战略,要根据监控情况持续优化发展战略。

(三) 人力资源应用指引

1. 人力资源的含义

人力资源是指企业组织生产经营活动而录(任)用的各种人员,包括董事、监事、高级管理人员和全体员工。现代企业竞争的关键在于人力资源的竞争。

2. 人力资源风险关注点

人力资源已经成为促进经济社会发展的第一要素。良好的人力资源管理制度和机制是增强企业活力的源泉,是提升企业核心竞争力的重要基础,是实现发展战略的根本动力。如果人力资源缺乏或过剩、结构不合理、开发机制不健全,企业发展战略可能难以实现;如果人力资源激励约束制度不合理、关键岗位人员管理不完善,有可能导致人才流失、经营效率低下;而如果人力资源退出机制不当,又可能导致法律诉讼或企业声誉受损。

3. 人力资源控制要点

《人力资源应用指引》分3章共14条,其核心是如何建立一套科学的人力资源制度和机制,不断优化人力资源结构,实现人力资源的合理配置和布局,切实做到人尽其才,充分发挥人力资源的作用,强化激励机制,增强人才活力,合理引进和开发人才,用好和盘活现有人才,强化人力资源风险管理,全面提升管理团队、专业技术人才和全体员工的创造力,切实做到使每位员工都投身于企业可持续发展之中。具体控制要点如下:

(1) 要求企业根据人力资源总体规划,结合生产经营实际需要,制定年度人力资源需求计划。也就是说,人力资源要符合发展战略需要,符合生产经营对人力资源的需求,尽可能做到"不缺人手,也不养闲人"。

(2) 要求企业根据人力资源能力框架要求,明确各岗位的职责权限、任职条件和工作要求,通过公开招聘、竞争上岗等多种方式选聘优秀人才。这项要求实际上意在强调,企业要选合适的人,要按公开、严格的程序去选人,防止"人情招聘"、暗箱操作。

(3) 企业确定选聘人员后,应当依法签订劳动合同,建立劳动用工关系;已选聘人员要进行试用和岗前培训,试用期满考核合格后,方可正式上岗。

(4)要求企业建立和完善人力资源的激励约束机制,设置科学的业绩考核指标体系,对各级管理人员和全体员工进行严格考核与评价,并制定与业绩考核挂钩的薪酬制度。

(5)要求企业建立健全员工退出(辞职、解除劳动合同、退休等)机制,明确退出的条件和程序,确保员工退出机制得到有效实施。只有退出机制健全,退出条件和程序清楚,才能够防范和化解当前企业人力资源退出方面存在的诸多问题,使企业人力资源管理步入良性循环的轨道。在实施退出时,要注意和劳动部门做好沟通,并按我国《劳动法》规定,给予退出员工相应补偿金额。

(四)社会责任应用指引

1. 社会责任的含义

社会责任是指企业在经营发展过程中应当履行的社会职责和义务,主要包括安全生产、产品质量、环境保护、资源节约、促进就业、员工权益保护等。

2. 社会责任风险关注点

企业认真履行社会责任,对于实现其与社会、环境的全面协调可持续发展具有重要促进作用。以浪费资源为代价追求速度和效益,必然危及子孙后代。如安全生产措施不到位,责任不落实,可能导致企业发生安全事故;如果产品质量低劣,侵害消费者利益,可能导致企业巨额赔偿、形象受损,甚至破产;如果环境保护投入不足,资源耗费大,造成环境污染或资源枯竭,可能导致企业巨额赔偿、缺乏发展后劲,甚至停业;如果促进就业和员工权益保护不够,可能导致员工积极性受挫,影响企业发展和社会稳定等。

3. 社会责任控制要点

《社会责任应用指引》分5章共21条,针对企业在履行社会责任方面存在的薄弱环节,提出的控制要点如下:

(1)要求企业设立安全管理部门和安全监督机构,建立严格的安全生产管理体系、操作规范和应急预案,强化安全生产责任追究制度,切实做到安全生产。

(2)要求应当规范生产流程,建立严格的产品质量控制和检验制度,严把质量关,禁止缺乏质量保障、危害人民生命健康的产品流向社会。

(3)要求企业提高员工的环境保护和资源节约意识,建立环境保护与资源节约制度,认真落实节能减排责任,积极开发和使用节能产品,发展循环经济,降低污染物排放,提高资源综合利用效率。

(4)要求企业依法保护员工的合法权益,保障员工依法享有劳动权利和履行劳动义务,保持工作岗位相对稳定,积极促进充分就业。企业还应当按照"产学研用"相结合的社会需求,积极创建实习基地,大力支持社会有关方面培养、锻炼社会需要的应用型人才;同时,应积极履行社会公益方面的责任和义务,关心帮助社会弱势群体,支持慈善事业。

(五)企业文化应用指引

1. 企业文化的含义

企业文化是指企业在生产经营实践中逐步形成的、为整体团队所认同并遵守的价值观、经营理念和企业精神,以及在此基础上形成的行为规范的总称。

2. 企业文化风险关注点

企业文化建设可以为企业提供精神支柱,可以提升企业的核心竞争力,可以为内部控制有效性提供有力保证。但现实中,有些企业之所以经营不成功,往往是在企业文化建设方面存在严重问题。如果企业缺乏积极向上的企业文化,导致员工丧失对企业的信心和认同感,缺乏凝聚力和竞争力;如果企业缺乏开拓创新、团队协作和风险意识,导致企业发展目标难以实现,影响可持续发展;如果企业缺乏诚实守信的经营理念,导致舞弊事件的发生,造成企业损失,影响企业信誉等。

3. 企业文化控制要点

《企业文化应用指引》分3章共11条,针对企业文化建设中存在的重要风险,提出以下控制要点:

(1)要求企业积极培育具有自身特色的企业文化,充分体现企业特色的发展愿景、积极向上的价值观、诚实守信的经营理念、履行社会责任和开拓创新的企业精神,以及团队协作和风险防范意识,以此引导和规范员工行为,打造以主业为核心的企业品牌,形成整体团队的向心力,促进企业长远发展。

(2)企业并购完成后,应当特别注重文化整合。要平等对待被并购方的员工,促进并购双方的文化融合。要以统一的企业精神、核心理念、价值观念和企业标识规范集团文化,保持集团内部文化的统一性,增强集团的凝聚力、向心力,树立集团的整体形象。

(3)要求董事、监事、经理和其他高级管理人员在企业文化建设中发挥主导和垂范作用,以自身的优秀品格和脚踏实地的工作作风,带动影响整个团队,共同营造积极向上的企业文化环境。

(4)要求企业加强企业文化的宣传贯彻,促进文化建设在内部各层级的有效沟通,并确保全体员工共同遵守;同时,要求企业文化建设融入生产经营全过程,切实做到文化建设与发展战略的有机结合,增强员工的责任感和使命感,规范员工行为方式,使员工自身价值在企业发展中得到充分体现。企业文化建设不能停留在企业最高层,不能停留在文本上和宣传上,更不能脱离生产经营过程和背离发展战略,而应融入企业的肌体、汇入企业的血脉中。

二、企业内部控制活动类应用指引

(一)资金活动应用指引

1. 资金活动的含义

资金活动是指企业筹资、投资和资金营运等活动的总称。

资金是企业生产经营循环的血液,是企业生存和发展的基础,决定着企业的竞争能力和可持续发展能力。资金活动影响企业生产经营的全过程。强化企业资金管理,控制资金风险,保障资金安全,发挥资金规模效益,有利于企业宏观掌握和控制资金筹措、运用及综合平衡,促进企业可持续健康发展。

2. 资金活动风险关注点

如果企业筹资决策不当,引发资本结构不合理或无效融资,可能导致企业筹资成本过高或债务危机;如果企业投资决策失误,引发盲目扩张或丧失发展机遇,可能导致资金链断裂或资金使用效益低下;如果资金调度不合理、营运不畅,可能导致企业陷入财务困境或资金冗余;如果资金活动管控不严,可能导致资金被挪用、侵占、抽逃或遭受欺诈。资金活动内部控制的失误,往往会给企业带来致命打击。如中航油事件等众多失控案例表明,资金活动内部控制失效,轻则带来巨额损失,重则可能将企业的百年基业毁于一旦。

3. 资金活动控制要点

《资金活动应用指引》分4章共21条,对企业开展资金筹集、投放和营运等活动的业务流程、主要风险类型和风险控制措施作出了具体规定,其具体控制要点如下:

(1) 要求企业根据筹资目标和规划,结合年度全面预算,拟订筹资方案,并对筹资方案进行科学论证;重大筹资方案还应当形成可行性研究报告,全面反映风险评估情况。

(2) 要求企业对筹资方案进行严格审批后,按照规定权限和程序筹集资金。同时,严格按照筹资方案确定的用途使用资金,防止资金挪用;确需改变资金用途的,应当履行相应的审批程序。

(3) 要求企业加强债务偿还和股利支付环节的管理,对偿还本息和支付股利等作出适当安排,防止发生违约风险,导致诉讼损失。

(4) 要求企业根据投资目标和规划,合理安排资金投放结构,科学确定投资项目,拟订投资方案,重点关注投资项目的收益和风险;选择投资项目应当突出主业,谨慎从事衍生金融产品等高风险投资。

(5) 对于采用并购方式进行投资的企业,要求其严格控制并购风险,重点关注并购对象的隐性债务、承诺事项、可持续发展能力、员工状况及其与本企业治理层及管理层的关联关系,合理确定支付对价,确保实现并购目标。

(6) 要求企业加强对投资方案的可行性研究,并按照规定的权限和程序对投资项目进行决策审批;审批后,与被投资方签订投资合同或协议,明确出资时间、金额、方式、双方权利义务和违约责任等内容。

(7) 要求企业加强投资收回和处置环节的控制；对于到期无法收回的投资，应当建立责任追究制度。

(8) 要求企业应当加强资金营运全过程的管理，统筹协调内部各机构在生产经营过程中的资金需求，切实做好资金在采购、生产、销售等各环节的综合平衡，实现资金营运的良性循环，提升资金营运效率。

(二) 采购业务应用指引

1. 采购业务的含义

采购是指购买物资（或接受劳务）及支付款项等相关活动。

采购是企业生产经营的起点，既是企业的"实物流"的重要组成部分，又与"资金流"密切关联。采购业务流程主要涉及编制需求计划和采购计划、请购、选择供应商、确定采购价格、订立框架协议或采购合同、管理供应过程、验收、退货、付款、会计控制等环节。采购物资的质量和价格、供应商的选择、采购合同的订立、物资的运输、验收等供应链状况，在很大程度上决定了企业的生存与可持续发展。

2. 采购业务风险关注点

如果采购计划安排不合理，市场变化趋势预测不准确，容易造成库存短缺或积压，导致企业生产停滞或资源浪费；如果供应商选择不当，采购方式不合理，招投标或定价机制不科学，授权审批不规范，容易致使采购物资质次价高，出现舞弊或遭受欺诈；如果采购验收不规范，付款审核不严，会造成采购物资、资金损失或信用受损等。

3. 采购业务控制要点

《采购业务应用指引》分 3 章共 16 条，其具体控制要点如下：

(1) 要求企业的采购业务尽量集中，避免多头采购或分散采购，以提高采购业务效率，降低采购成本，堵塞管理漏洞。

(2) 要求企业建立采购申请制度，依据购买物资或接受劳务的类型，确定归口管理部门，明确相关部门或人员的职责权限及相应的请购和审批程序。

(3) 要求企业建立科学的供应商评估和准入制度，根据市场情况和采购计划合理选择采购方式，建立科学的采购物资定价机制，并根据确定的供应商、采购方式、采购价格等情况签订采购合同,明确双方权利、义务和违约责任。

(4) 要求企业建立严格的采购验收制度,确定检验方式,由专门的验收机构或验收人员进行验收;对于验收过程中发现异常情况,应当查明原因并及时处理。

(5) 要求企业加强采购付款的管理,明确付款审核人的责任和权利,严格审核采购预算、合同、相关单据凭证、审批程序等内容,审核无误后按照合同规定及时办理付款。

(6) 要求企业建立退货管理制度,对退货条件、退货手续、货物出库、退货货款回收等作出明确规定,并在采购合同中明确退货事宜,及时收回退货货款。

(三) 资产管理应用指引

1. **资产管理的含义**

资产作为企业重要的经济资源,是企业从事生产经营活动并实现发展战略的物质基础。资产管理贯穿于企业生产经营全过程。

为了保障资产安全、提升资产管理效能,企业应当全面梳理资产流程,查找资产管理薄弱环节,这是企业强化资产管理的关键步骤。

2. **资产管理风险关注点**

企业如果存货积压或短缺,可能导致流动资金占用过量、存货价值贬损或生产中断;如果固定资产更新改造不够、使用效能低下、维护不当、产能过剩,可能导致企业缺乏竞争力、资产价值贬损、安全事故频发或资源浪费;如果无形资产缺乏核心技术、权属不清、技术落后、存在重大技术安全隐患,可能导致企业法律纠纷、缺乏可持续发展能力。个别企业由于"实物流"管控不严,导致重大风险的发生,往往不是没有制度,而是制度一大堆,手册到处有,但却是用于应付检查,实际执行是两回事。这种做法是自欺欺人,到头来是企业自身遭受损失。企业应当对发现的薄弱环节和问题进行归类整理,深入分析,查找原因,健全和落实相关措施及时加以改进。

3. 资产管理控制要点

《资产管理应用指引》分 4 章共 22 条,其具体控制要点如下:

(1) 要求企业采用先进的存货管理技术和方法,规范存货管理流程,明确存货取得、验收入库、原料加工、仓储保管、领用发出、盘点处置等环节的管理要求,充分利用信息系统,强化会计、出入库等相关记录,确保存货管理全过程的风险得到有效控制。

(2) 要求企业根据各种存货采购间隔期和当前库存,综合考虑企业生产经营计划、市场供求等因素,合理确定存货采购日期和数量,确保存货处于最佳库存状态。

(3) 要求企业加强房屋建筑物、机器设备等各类固定资产的维护、清查、处置管理,重视固定资产的技术升级和更新改造,不断提升固定资产的使用效能,确保固定资产处于良好运行状态。

(4) 要求企业强化对生产线等关键设备运转的监控,严格操作流程,实行岗前培训和岗位许可制度,确保设备安全运转。

(5) 要求企业严格执行固定资产投保政策,及时办理投保手续。

(6) 要求企业规范固定资产抵押管理,确定固定资产抵押程序和审批权限等。

(7) 要求企业加强对品牌、商标、专利、专有技术、土地使用权等无形资产的管理,促进无形资产有效利用,充分发挥无形资产对提升企业核心竞争力的作用。

(四) 销售业务应用指引

1. 销售业务的含义

销售是指企业出售商品(或提供劳务)及收取款项等相关活动。企业销售业务流程,主要包括销售计划管理、客户开发与信用管理、销售定价、订立销售合同、发货、收款、客户服务和会计系统控制等环节。

企业生存、发展、壮大的过程,在相当程度上就是不断加大销售力度、拓宽销售渠道、扩大市场占有的过程。企业应当加强销售、发货、收款等环节的管理,采取有效控制措施,规范销售行为,扩大市场份额,确保实现销售目标。

2. 销售业务风险关注点

企业如果销售政策和策略不当,市场预测不准确,销售渠道管理不当等,会导致销售不畅、库存积压、经营难以为继;如果客户信用管理不到位,结算方式选择不当,账款回收不力等,会造成销售款项不能收回或遭受欺诈;如果销售过程存在舞弊行为,可能导致企业利益受损等。企业应当强化销售业务管理,应当对现行销售业务流程进行全面梳理,查找管理漏洞,及时采取切实措施加以改正。

3. 销售业务控制要点

《销售业务应用指引》分3章共12条,其具体控制要点如下:

(1) 要求企业加强市场调查,合理确定定价机制和信用方式,根据市场变化及时调整销售策略,灵活运用多种策略和营销方式,促进销售目标实现,不断提高市场占有率。

(2) 要求企业与客户进行业务洽谈、磋商或谈判,关注客户信用状况、销售定价、结算方式等相关内容,并签署销售合同,明确双方的权利和义务。

(3) 要求企业销售部门按照经批准的销售合同开具相关销售通知,发货和仓储部门严格按照销售通知所列项目组织发货,确保货物的安全发运。

(4) 完善客户服务制度,加强客户服务和跟踪,提升客户满意度和忠诚度,不断改进产品质量和服务水平。

(5) 完善应收款项管理制度,明确销售、财会等部门的职责,并严格考核,实行奖惩。

(6) 要求企业加强应收款项坏账的管理;应收款项全部或部分无法收回的,应当查明原因,明确责任。企业核销的坏账应当进行备查登记,做到账销案存。已核销的坏账又收回时应当及时入账,防止形成账外资金。

(五) 研究与开发应用指引

1. 研究与开发的含义

研究与开发是指企业为获取新产品、新技术、新工艺等所开展的各种研发活动,是企业进行自主创新的重要手段,是企业核心竞争力的本源,是企业加快转变经济发展方式的强大推动力。

研究与开发的基本流程主要涉及立项、研发过程管理、结题验收、研究成果的开发和保护等。

2. 研究与开发风险关注点

企业如果研究项目未经科学论证或论证不充分,可能导致创新不足或资源浪费;如果研发人员配备不合理或研发过程管理不善,可能导致研发成本过高、舞弊或研发失败;如果研究成果转化应用不足、保护措施不力,可能导致企业利益受损。企业应当着力梳理研究与开发业务流程,针对主要风险点和关键环节,制定切实有效的控制措施,不断提升研发活动全过程的风险管控效能。

3. 研究与开发控制要点

《研究与开发应用指引》分3章共13条,其具体控制要点如下:

(1) 要求企业结合研发计划,提出研究项目立项申请,开展可行性研究,编制可行性研究报告。

(2) 研究项目应当按照规定的权限和程序进行审批,重大研究项目应当报经董事会或类似权力机构集体审议决策。

(3) 要求企业加强对研究过程的管理,合理配备专业人员,严格落实岗位责任制,确保研究过程高效、可控。

(4) 要求企业建立和完善研究成果验收制度,组织专业人员对研究成果进行独立评审和验收。

(5) 要求企业明确界定核心研究人员范围和名册清单,签署保密协议,并在劳动合同中约定研究成果归属、离职条件、离职移交程序、离职后保密义务、离职后竞业限制年限及违约责任等内容。研发骨干人员的管理,应当引起研发型企业的高度重视。

(6) 要求企业加强研究成果的开发与保护,形成科研、生产、市场一体化的自主创新机制,促进研究成果转化为实际生产力。

(六) 工程项目应用指引

1. 工程项目的含义

工程项目是企业自行或者委托其他单位所进行的建造、安装活动。

工程项目尤其是重大工程项目往往体现企业发展战略和中长期发展规划,对于提高企业再生产能力和支撑保障能力、促进企业可持续发展具有关键作用。

企业必须强化对工程建设全过程的监控,制定和完善工程项目各项管理制度,明确相关机构和岗位的职责权限,规范工程立项、招标、造价、建设、验收等环节的工作流程及控制措施,保证工程项目的质量和进度。

2. 工程项目风险关注点

由于工程项目投入资源多、占用资金大、建设工期长、涉及环节多、多种利益关系错综复杂,往往是构成经济犯罪和腐败问题的"高危区"。如果立项缺乏可行性研究或者可行性研究流于形式,决策不当,盲目上马,可能导致难以实现预期效益或项目失败;如果项目招标暗箱操作,存在商业贿赂,可能导致中标人实质上难以承担工程项目、中标价格失实及相关人员涉案;如果工程造价信息不对称,技术方案不落实,概预算脱离实际,可能导致项目投资失控;如果工程物资质次价高,工程监理不到位,项目资金不落实,可能导致工程质量低劣,进度延迟或中断;如果竣工验收不规范,最终把关不严,可能导致工程交付使用后存在重大隐患。

3. 工程项目控制要点

《工程项目应用指引》分6章共21条,其具体控制要点如下:

(1)企业应当根据发展战略和年度投资计划,提出项目建议书,编制可行性研究报告,并组织内部相关机构专业人员进行充分论证和评审,在此基础上,按照规定的权限和程序进行决策。重大工程项目应当报经董事会或类似决策机构集体审议批准;任何个人不得单独决策或擅自改变集体决策意见。

(2)企业应当采用公开招标的方式,择优选择具有相应资质的承包单位和监理单位,规范工程招标的开标、评标和定标工作,不得将应由一个承包单位完成的工程肢解为若干部分发包给几个承包单位。

(3)企业应当加强工程造价的管理,明确初步设计概算、施工图预算的编制方法,按照规定的权限和程序进行审核和批准,确保概预算科学合理。

(4) 企业应当加强对工程建设过程的监控,实行严格的概预算管理和工程监理制度,切实做到及时备料,科学施工,保障资金,落实责任,确保工程项目达到设计要求。工程建设过程中涉及项目变更的,应当严格审批;重大项目变更还应当按照项目决策和概预算控制的有关程序和要求重新履行审批手续。

(5) 企业收到承包单位的工程竣工报告后,应当及时编制竣工决算,开展竣工决算审计,办理竣工验收手续。企业还应当建立完工项目后评估制度,重点评价工程项目预期目标的实现情况和项目投资效益等,并以此作为绩效考核和责任追究的依据。

(七) 担保业务应用指引

1. 担保业务的含义

担保是企业按照公平、自愿、互利的原则向被担保人提供一定方式的担保并依法承担相应法律责任的行为。

企业办理担保业务,一般包括受理申请、调查评估、审批、签订担保合同、进行日常监控等流程。在现代市场经济中,担保一方面有利于银行等债权人降低贷款风险,另一方面使债权人与债务人形成了稳定可靠的资金供需关系。

2. 担保业务风险关注点

对外担保涉及被担保人和提供担保人(企业)。如果企业对担保申请人的资信状况调查不深,审批不严或越权审批,可能导致企业担保决策失误或遭受欺诈;如果对被担保人在担保期内出现财务困难或经营陷入困境等状况监控不力,应对措施不当,又可能会导致企业承担法律责任;如果被担保人和提供担保人在担保过程中存在舞弊行为,则会导致经办审批等相关人员涉案或企业利益受损。为此,企业应当严格限制担保业务活动,如确需对外提供担保的,应当在担保业务政策及相关管理制度中明确担保的对象、范围、方式、条件、程序、担保限额和禁止担保等事项,规范调查评估、审核批准、担保执行等环节的工作流程及控制措施，确实防范担保业务风险。

3. 担保业务控制要点

《担保业务应用指引》分3章共15条，其具体控制要点如下：

（1）企业应当对担保申请人进行资信调查和风险评估，并出具书面报告。企业自身不具备条件的，应委托中介机构对担保业务进行调查和评估。对于符合条件的担保申请人，经办人员应当在职责范围内，按照审批人员批准意见办理担保业务；对于审批人超越权限审批的担保业务，经办人员有权拒绝办理。

（2）企业应当加强对子公司担保业务的统一监控，企业内设机构未经授权不得办理担保业务；企业为关联方提供担保的，与关联方存在经济利益或近亲属关系的有关人员在评估与审批环节应当予以回避。

（3）企业应当根据审核批准的担保业务订立担保合同，定期监测被担保人的经营情况和财务状况，了解担保项目的执行、资金的使用、贷款的归还、财务运行及风险等情况，确定担保合同有效履行。

（4）企业应当加强对担保业务的会计系统控制，建立担保事项台账，及时足额收取担保费用；规范对反担保财产的管理，妥善保管被担保人用于反担保的财产和权利凭证，定期核实财产的存续状况和价值，发现问题及时处理。

（5）企业应当在担保合同到期时，全面清理用于担保的财产、权利凭证，按照合同约定及时终止担保关系。

（八）业务外包应用指引

1. 业务外包的含义

业务外包是企业利用专业化分工优势，将日常经营中的部分业务委托给本企业以外的专业服务机构或其他经济组织（承包方）完成的经营行为，通常包括研发、资信调查、可行性研究、委托加工、物业管理、客户服务、IT服务等。随着市场发展及国际产业分工呈细化趋势，我国业务外包市场必将有较大发展。

业务外包流程主要包括：制定业务外包实施方案、审核批准、选择承包方、签订业务外包合同、组织实施业务外包活动、业务外包过程管理、验收、会计控制等环节。

2. 业务外包风险关注点

企业如果外包范围和价格确定不合理,承包方选择不当,可能导致企业遭受损失;业务外包监控不严、服务质量低劣,可能导致企业难以发挥业务外包的优势;业务外包存在商业贿赂等舞弊行为,可能导致企业相关人员涉案。为此,存在业务外包活动的企业应当着手建立和完善业务外包管理制度,规定业务外包的范围、方式、条件、程序和实施等相关内容,明确相关机构和岗位的职责权限,强化业务外包全过程的监控,防范外包风险,充分发挥业务外包的优势。企业应当权衡利弊,避免核心业务外包。

3. 业务外包控制要点

《业务外包应用指引》分3章共16条,其具体控制要点如下:

(1) 要求企业合理确定外包业务范围,综合考虑成本效益原则,权衡利弊,避免将核心业务外包。

(2) 要求企业拟定业务外包实施方案,按照规定的权限和程序审核批准。重大外包业务方案应当提交董事会或类似决策机构审批。

(3) 要求企业按照批准的业务外包实施方案,择优选择外包业务的承包方,签订外包合同,合理确定外包价格,严格控制外包业务成本,切实做到相关业务外包后的成本在保证质量的前提下低于原经营方式。外包业务涉及保密的,还要求企业在外包业务合同或另行签订的保密协议中明确规定承包方的保密义务和责任。

(4) 要求企业加强业务外包实施的管理,注重与承包方的沟通与协调,并对承包方的履约能力进行持续评估。有确凿证据表明承包方存在重大违约行为,导致外包业务合同无法履行的,企业应当及时终止合同并更换承包方;承包方违约并造成企业损失的,企业应当进行索赔,并追究相关责任人责任。

(九) 财务报告应用指引

1. 财务报告的含义

财务报告是企业财务信息对外报告的重要形式之一,是企业投资者、债权人做出科学投资、信贷决策的重要依据。以财务报告为中心设计内部控制制度体系有利于从企业价值链流程的终端起步,逐步追溯到业务、流程和战略目标,有利于发挥会计在企业管理中的监督职能。

财务报告流程由财务报告编制流程、财务报告对外提供流程、财务报告分析利用流程三个阶段组成。企业应当制定明确的财务报告编制、报送及分析利用等相关流程,职责分工、权限范围和审批程序应当明确规范,机构设置和人员配备应当科学合理,并确保全过程中财务报告的编制、披露和审核等不相容岗位相互分离。

2. 财务报告风险关注点

企业如果编制财务报告违反会计法律、法规和国家统一的会计准则、制度,可能导致企业承担法律责任和声誉受损;如果提供虚假报告,误导报告使用者,可能造成决策失误,干扰市场秩序;而不能有效利用报告,难以及时发现企业经营管理中存在的问题,可能导致企业和经营风险失控。近年来,国内外发生的安然、世通、银广夏、琼民源等财务丑闻事件都产生了较为严重的不良后果,原因之一是由于企业财务报告内部控制缺失或不健全所致。实践证明,从保障财务报告信息质量出发着手建立内部控制,并在此基础上向其他经营管理领域拓展,是较为有效的实施途径。

3. 财务报告控制要点

《财务报告应用指引》分4章共20条,其具体控制要点如下:

(1) 要求企业编制财务报告时,重点关注会计政策和会计估计;对财务报告产生重大影响的交易和事项的处理,还要按照规定的权限和程序进行审批。

(2) 要求企业按照国家统一的会计准则、制度规定,根据登记完整、核对无误的会计账簿记录和其他有关资料编制财务财告,做到内容完整、数字真实、计算准确,不得漏报或者随意进行取舍;企业集团还应编制合并财务报表,明确合并财务报表的合并范围和合并方法,如实反映企业集团的财务状况、经营成果和现金流量。

(3) 要求企业依照法律、法规和国家统一的会计准则、制度的规定,及时对外提供财务报告;财务报告须经注册会计师审计的,注册会计师及其所在的事务所出具的审计报告应当随同财务报告一并提供。

(4)要求企业重视财务报告分析工作,定期召开财务分析会议,充分利用财务报告反映的综合信息,全面分析企业的经营管理状况和存在问题,不断提高经营管理水平。总会计师或分管会计工作的负责人应当在财务分析和利用工作中发挥主导作用;财务分析报告结果应当及时传递给企业内部有关管理层级。

三、企业内部控制手段类应用指引

(一) 全面预算应用指引

1. 全面预算的含义

全面预算是企业对一定期间经营活动、投资活动、财务活动等作出的预算安排。

全面预算作为一种全方位、全过程、全员参与编制与实施的预算管理模式,凭借其计划、协调、控制、激励、评价等综合管理功能,整合和优化配置企业资源,提升企业运行效率,成为促进实现企业发展战略的重要抓手,也是能把组织的所有关键问题融合于一个体系之中的管理控制方法之一。

2. 全面预算风险关注点

企业如果不编制预算或预算不健全,可能导致企业经营缺乏约束或盲目发展;如果预算目标不合理、编制不科学,可能导致企业资源浪费或发展目标难以实现;如果预算缺乏刚性、执行不力、考核不严,可能导致预算管理流于形式。为此,企业应当加强全面预算工作的组织领导,明确预算管理体制以及各预算执行单位的职责权限、授权批准程序和工作协调机制的基础上,将全面预算管理落到实处。

3. 全面预算控制要点

《全面预算应用指引》分4章共17条,其具体控制要点如下:

(1)企业应当建立和完善预算编制工作制度,明确编制依据、编制程序、编制方法等内容,确保预算编制依据合理、程序适当、方法科学,避免预算指标过高或过低。

（2）企业应当根据发展战略和年度生产经营计划，综合考虑预算期内经济政策、市场环境等因素，按照上下结合、分级编制、逐级汇总的程序，编制年度全面预算。企业预算管理委员会应当对预算管理工作机构在综合平衡基础上提交的预算方案进行研究论证，从企业发展全局角度提出建议，形成全面预算草案，并提交董事会审核。企业全面预算按照相关法律法规及企业章程的规定报经审议批准后，应当以文件形式下达。

（3）企业应当加强对预算执行的管理。全面预算一经下达，各预算执行单位必须以此为依据，认真组织各项生产经营和投融资活动，严格预算执行和控制。企业预算工作机构和各预算执行单位还应当建立预算执行情况分析制度，定期召开预算执行分析会议，妥善解决预算执行中存在的问题。

（4）企业应当建立严格的预算执行考核制度，对各预算执行单位和个人进行考核，切实做到有奖有惩、奖惩分明。必要时，企业可实行预算执行情况内部审计制度。

（二）合同管理应用指引

1. 合同管理的含义

合同是企业与自然人、法人及其他组织等平等主体之间设立、变更、终止民事权利义务关系的协议。合同包括书面合同和口头合同。

合同作为企业承担独立民事责任、履行权利义务的重要依据，是企业管理活动的重要痕迹，也是企业风险管理的主要载体。合同管理可以划分为合同订立阶段和合同履行阶段。合同订立阶段包括合同调查、合同谈判、合同文本拟定、合同审批、合同签署等环节；合同履行阶段涉及合同履行、合同补充和变更、合同解除、合同结算、合同登记等环节。企业需要建立分级授权管理制度等一系列制度体系和机制保障，促进合同管理的作用得到有效发挥。

2. 合同管理风险关注点

企业如果企业未订立合同、未经授权对外订立合同、合同对方主体资格未达要求、合同内容存在重大疏漏和欺诈,会导致企业合法权益受到侵害;如果合同未全面履行或监控不当,又可能导致企业诉讼失败,经济利益受损;如果合同纠纷处理不当,则会损害企业利益、信誉和形象。为此,应当重视合同及其管理与控制。

3. 合同管理控制要点

《合同管理应用指引》分 3 章共 16 条,其具体控制要点如下:

(1) 企业对外发生经济行为,除即时结清方式外,应当订立书面合同。对于影响重大、涉及较高专业技术或法律关系复杂的合同,应当组织法律、技术、财会等专业人员参与谈判,必要时可聘请外部专业人员参与相关工作;谈判过程中的重要事项和参与谈判人员的主要意见,应当予以纪录并妥善保存。

(2) 要求企业应当根据协商、谈判结果,拟定合同文本,明确双方的权利义务和违约责任,并严格进行审核。合同文本须报经国家有关主管部门审查或备案的,应当履行相应程序。

(3) 要求企业按照规定的权限和程序与对方当事人签署合同。正式对外订立的合同,应当由企业法定代表人或其授权代理人签名或加盖有关印章。属于上级管理权限的合同,下级单位不得签署。

(4) 要求企业加强合同信息安全保密工作,未经批准,不得以任何形式泄漏合同订立与履行过程中涉及的商业机密或国家机密。

(5) 要求企业遵循诚实信用原则严格履行合同,对合同履行实施有效监控,发现有显失公平、条款有误或对方有欺诈行为等情形,或因政策调整、市场变化等客观因素,已经或可能导致企业利益受损,应当按照规定程序及时报告,并经双方协商一致,按照规定权限和程序办理合同变更或解除事宜;存在合同纠正情形的,应依据国家相关法律法规,在规定时效内与对方当事人协商并按照规定权限和程序及时报告,协商无法解决的,根据合同约定选择仲裁或诉讼方式解决。

(6) 要求企业建立合同履行情况评估制度,至少于每年年末对合同履行的总体情况和重大合同履行的具体情况进行分析评估,对分析评估中发现的不足或问题应及时加以改进。

(三) 内部信息传递应用指引

1. 内部信息传递的含义

内部信息传递是企业内部各管理层级之间通过内部报告形式传递生产经营管理信息的过程。

信息资源是一个企业赖以生存的重要因素之一,企业在制定决策和日常运作中需要各种形式的信息。信息在企业内部进行有目的地传递,对贯彻落实企业发展战略、执行企业全面预算、识别企业生产经营活动中的内外部风险具有重要作用。企业收集和传递相关信息一般应遵循真实准确性、及时有效性、保密性等原则。

2. 内部信息传递风险关注点

企业如果内部报告系统缺失、功能不健全,内容不完整,可能会影响生产经营有序运行;如果内部信息传递不通畅、不及时,则可能导致企业决策失误、相关政策措施难以落实;如果内部信息传递中泄露商业秘密,则会削弱企业核心竞争力。为此,企业应当建立科学的内部信息传递机制,明确内部信息传递的内容、保密要求、传递方式以及各管理层级的职责权限等,促进内部报告的有效利用,充分发挥内部报告的作用。

3. 内部信息传递控制要点

《内部信息应用指引》分3章共16条,其具体控制要点如下:

(1) 要求企业根据发展战略、风险控制和业绩考核要求,科学规范不同级次内部报告的指标体系,采用经营快报等多种形式,全面反映与企业生产经营管理相关的各种内外部信息。

(2) 要求企业制定严密的内部报告流程,充分利用信息技术,强化内部报告信息集成和共享,将内部报告纳入企业统一信息平台,构建科学的内部报告网络体系。

(3) 要求企业拓宽内部报告的渠道,通过落实奖惩措施等多种有效方式,广泛收集合理化建议。

(4) 要求企业重视内部报告的使用。企业各级管理人员应当充分利用内部报告管理和指导企业的生产经营活动,及时反映全面预算执行情况，协调企业内部相关部门和各单位的运营进度；企业应当有效利用内部报告进行风险评估，准确识别和系统分析企业生产经营活动中的内外部风险，确定风险应对策略。

（四）信息系统应用指引

1. 信息系统的含义

信息系统是信息内部传递和信息对外报告的技术手段，是企业利用计算机和通信技术，对内部控制进行集成、转化和提升所形成的信息化管理平台。

现代企业的运营越来越依赖于信息系统。企业负责人对信息系统建设工作负责，即信息系统建设是"一把手"工程。只有企业负责人站在战略和全局的高度亲自组织领导信息系统建设工作，才能统一思想、提高认识、加强协调配合，从而推动信息系统建设在整合资源的前提下高效、协调推进。

信息系统内部控制的主要对象是信息系统，由计算机硬件、软件、人员、信息流和运行规程等要素组成。信息系统内部控制的目标是促进企业有效实施内部控制，提高企业现代化管理水平，减少人为操纵因素；同时，增强信息系统的安全性、可靠性和合理性以及相关信息的保密性、完整性和可用性，为建立有效的信息与沟通机制提供支持保障。

2. 信息系统风险关注点

企业如果信息系统缺乏或规划不合理，可能造成信息孤岛或重复建设，导致企业经营管理效率低下；如果系统开发不符合内部控制要求，授权管理不当，可能导致无法利用信息技术实施有效控制；如果系统运行维护和安全措施不到位，可能导致信息泄漏或毁损，系统无法正常运行。为此，企业应当结合组织架构、业务范围、地域分布、技术能力等因素，制定信息系统建设整体规划，加大投入力度，有序组织信息系统开发、运行与维护，优化管理流程，防范经营风险。

3. 信息系统控制要点

《信息系统应用指引》分3章共15条，其具体控制要点如下：

（1）要求企业根据信息系统建设整体规划提出项目建设方案，明确建设目标、人员配备、职责分工、经费保障和进度安排等相关内容,按照规定的权限和程序审批后实施。

(2)要求企业开发信息系统,应当将生产经营管理业务流程、关键控制点和处理规则嵌入系统程序,实现手工环境下难以实现的控制功能。

(3)要求企业加强信息系统开发全过程的跟踪管理,组织开发单位与内部各单位的日常沟通和协调,督促开发单位按时保质完成编程工作,对配备的硬件设备和系统软件进行检查验收,组织系统上线运行等。企业还应当组织独立于开发单位的专业人员对开发完成的信息系统进行验收测试,并做好信息系统上线的各项准备工作。

(4)要求企业加强信息系统运行与维护的管理,制定信息系统工作程序、信息管理制度以及各模块子系统的具体操作规范,及时跟踪、发现和解决系统运行中存在的问题,确保信息系统按照规定的程序、制度和操作规范持续稳定运行。

(5)要求企业重视信息系统运行中的安全保密工作,确定信息系统的安全等级,建立不同等级信息的授权使用制度、用户管理制度和网络安全制度,并定期对数据进行备份,避免损失。对于服务器等关键信息设备,未经授权,任何人不得接触。严格按照国家有关法规制度和对电子档案的管理规定,妥善保管相关信息档案。

【案例分析与点评】

内部控制失效的惨痛教训

案例简介

某年C股份有限公司因为未能披露定期报告而退市。随后,证券监管部门公布了对C公司及相关人员的行政处罚决定。经查明,公司原董事长等人以支付贷款、虚构工程项目和对外投资等多种手段,将十几亿元的公司资金腾挪转移,其中有将近6亿元的资金被转移至国外

第五讲　企业内部控制应用指引

藏匿。监守自盗公司大量资产后,许某携妻儿等移民某国,从此失去音讯。

调查表明,为了使公司虚构业绩看起来更真实,C公司配合虚构业务,伪造相应的资金流,但从形式上看,C公司的购销业务都有资金流转轨迹和银行单据。C公司设立了大量"壳公司",利用上市公司信用,为"壳公司"贷款提供担保,通过"壳公司"从银行大量融资作为收入注入上市公司,数年累计从银行融资20多亿元,再通过支付成本费用的方式将部分资金转移到国外,并伪造与业绩相关的资金收付款痕迹。值得注意的是,在许某神秘失踪期间,银行仍继续为C公司的"壳公司"提供了部分贷款。为逃避监管,C公司一直未披露大量的银行融资和担保。

在处罚C公司的同时,证券监管部门还处罚了担任C公司年报审计工作的3名注册会计师,理由是注册会计师在对货币资金、存货项目的审计过程中,未能勤勉尽责,未能揭示出4.27亿元大额定期存单质押情况和未能识别1.06亿元虚假钻石毛坯等。

案例分析点评

(1) C公司没有建立起完善的内部控制制度,尤其是缺乏良好的内部控制环境。内部控制环境是公司内部控制得以有效运行的环境基础。内部环境规定了企业的治理结构与架构,影响经营管理目标的制定,影响企业文化氛围并影响员工的控制意识,是其他内部控制组成要素的基础。董事会成员的道德、经验和才干是内部环境的一个重要组成部分,董事会在塑造良好的内部环境中发挥关键作用。C公司董事长道德缺失,使得整个公司的内部控制失效,无法发挥内部控制在保护公司资产安全、保证财务报告真实、可靠等方面的重要作用。

(2) 贷款银行在内部控制方面缺少完善的信息沟通机制。信息与沟通是单位为了提高管理效能、促进员工全面正确履行职责而收集、识别、交流各种内部和外部信息的机制。有效的信息沟通机制可以保证管理层与单位内部、外部的顺畅沟通,包括与利益相关者、监管部门和注册会计师等的沟通等。贷款银行片面轻信C公司作为上市公司的信用,而忽视了C公司从未披露融资、担保等情况的信息,导致前后共向其"壳公司"贷款20多亿元;同时,贷款银行与监管部门的沟通不畅,未能在第一时间知悉C公司高管人员的异常变动和真实的财务状况而尽量降低损失。

　　银行应当建立、健全风险管理机制,包括风险事项识别、风险评估和风险应对措施等,对客户信用状况等进行全面评估,并重点关注客户可能出现的舞弊风险,对此类风险尽可能采取回避应对方式。应加强对重点客户信息披露情况的跟踪监控,加强与有关监管部门的协作和沟通。比如,可以通过人民银行的征信系统查询上市公司在本地银行贷款及担保的记录,及时发现客户的舞弊行为。

　　(3) 某会计师事务所的审计质量内部控制程序存在着一定的缺陷,例如签字注册会计师的专业胜任能力不足,且未实施必要的审计程序,导致未揭示出定期存单质押和虚假存货事宜。

　　综上所述,失控是失败之因,失败是失控之果,而避免失控与失败就需要加强企业内部控制的学习与应用,并落实到位。关于企业内部控制的理论与方法可能涉及企业管理方方面面,不仅要系统地学习,还要系统地加以运用。读书是学习,使用也是学习,而且是更重要的学习。管理实践反复证明:得控就强,失控就弱,无控就乱!

第六讲 企业内部控制评价指引

一、企业内部控制评价概述

内部控制自我评估是近年来西方国家内部控制制度评审的一种方法，是企业监督和评估内部控制的主要工具，它将运行和维持内部控制的主要责任赋予企业的董事会和管理层，同时，使企业员工和内部审计师与管理人员合作评估控制程序有效性，共同承担对内部控制评估的责任。这使以往由内部审计部门对控制的适当性及有效性进行独立验证，发展到全新的阶段，即通过设计、规划和运行内部控制自我评估程序，由企业整体对管理控制和治理负责。它要求从整个业务流程中发现问题，由计算机汇总并反馈问题；审计人员转变成外向型人才，广泛接触各部门人员，采用多种技术方法，促进经营管理目标的实现。简言之，这种方法不再以内审部门实施内部控制评价为主，而是以管理部门的自我评估为主。

通过内部控制自我评估，使内部审计人员不再仅仅是"独立的问题发现者"，而成为推动公司改革的使者"，将以前消极的以"发现和评价"为主要内容的内部审计活动向积极"防范和解决方案"的内部审计活动转变，从事后发现内部控制薄弱环节转向事前防范；从单纯强调内部控制转向积极关注利用各种方法来改善公司的经营业绩。另外，通过内部控制自我评估，可以发挥管理人员的积极性，使他们学到风险管理与控制的知识，熟悉本部门的控制过程，使风险更易于发现和监控，纠正措施更易于落实，业务目标的实现更有保证。内部审计人员广泛接触各部门人员，和各管理部门建立良性的制约关系，有利于共同采取措施防止内部控制薄弱环节的产生。

企业内部自我评价既要不断地"向前看",通过内部控制评价报告,促进企业进一步完善内部控制、提高经营管理水平和风险防范能力;同时也要不断地"回头看",对于内部控制评价报告中列示的问题,应当采取适当的措施进行改进,并追究相关人员的责任。企业应当建立内部控制评价结果分析利用和考核制度,将内部控制评价结果和整改情况作为内部绩效考评的重要依据。

内部控制评价是指由企业董事会和管理层实施的,对企业内部控制有效性进行评价,形成评价结论,出具评价报告的过程。

从内部控制体系分析,企业文化建设、员工整体素质及其控制环境等因素都会影响到各项控制制度能否得到正确执行的有效性问题;员工与企业的利益冲突更是对内部控制有效性的一大威胁。例如,一位采购员与本公司的一个潜在供应商有着财务上的利益关系,采购员个人的收入不仅来源于本公司,还来源于该供应商与公司交易中所获取的利润。这种潜在的利益冲突,使其在选择供应商的时候,为谋取私利而违反正规的采购程序,从而有可能选择了与其有利益关系的供应商;而裙带关系或由此产生的关联交易等也会引发许多利益冲突问题;由于内部串通舞弊是监管人员无法控制的主要风险之一,为此一些企业或部门都严格限制有亲戚关系的员工数量,如此等等。

《企业内部控制评价指引》分5章27条。企业应当根据国家有关法律、法规和《基本规范》的要求,结合企业实际情况,对以下五个方面作出单个或整体控制目标实现情况的评价:

(1) 战略目标实现情况的评价。

(2) 经营管理的效率和效果目标实现情况的评价。

(3) 财务报告及相关信息真实完整目标实现情况的评价。

(4) 资产安全目标实现情况的评价。

(5) 合法、合规目标实现情况的评价。

企业应当根据《基本规范》和《企业内部控制评价指引》,结合本企业的实际情况,制定内部控制评价办法,明确内部控制评价的原则和内容、程序和方法,以及报告形式等相关内容,确保内部控制评价工作落到实处。

人需要体检是防范疾病，企业自我体检是防范风险。企业需要对与实现整体控制目标相关的内部环境、风险评估、控制活动、信息与沟通、内部监督等内部控制要素进行全面系统、有针对性的评价。

二、企业内部控制评价要点

（一）评价原则

企业实施内部控制评价，至少应当遵循全面性、重要性和客观性原则，确保评价工作标准统一、客观公正。

全面性是指评价工作应当包括内部控制的设计与运行，涵盖企业及其所属单位的各种业务和事项。

重要性是指在全面评价的基础上关注重要高风险领域。

客观性是指评价工作应当准确揭示经营管理的风险状况，如实反映内部控制设计和运行的有效性。

（二）评价内容

《基本规范》及其应用指引的有关规定应当就是内部控制评价标准。为此，企业应当根据《基本规范》及其应用指引的有关规定，在建立与实施企业内部控制的同时，以此为依据和标准组织开展内部控制评价工作。

评价的主要内容是内部控制有效性。所谓内部控制有效性，是指企业建立与实施内部控制能够为控制目标的实现提供合理的保证，包括对内部控制设计有效性和运行有效性的评价。

内部控制设计有效性是指为实现控制目标所必需的内部控制要素都存在并且设计恰当。

内部控制运行有效性是指现有内部控制按照规定程序得到了正确执行。

在具体实施内部控制评价时，应当充分关注以下几个方面的重点内容与相应的要求。

1. 企业内部控制评价应当以内部环境为基础

评价内部环境时应当重点关注：治理结构是否形同虚设；发展战略是否可行；机构设置是否重叠；权责分配是否明晰；不相容岗位是否分离；人力资源政策和激励约束机制是否科学合理；企业文化是否促进员工勤勉尽责；社会责任是否有效履行等。

2. 企业内部控制评价应当以生产经营活动为重点

评价生产经营活动时至少应当关注：资金的筹集、投放和营运过程是否存在资金链断裂；资产运行中是否存在效能低下或资产流失；采购与销售环节是否存在舞弊行为；研发项目是否经过科学论证；工程项目是否存在商业贿赂等。

3. 企业内部控制评价应当兼顾控制手段

评价控制手段时至少关注：全面预算是否具有约束力；合同履行是否存在纠纷；信息系统是否与内部控制有机结合；内部报告是否及时传递和有效沟通等。

（三）评价程序

企业应当指定内部审计机构或其他机构具体组织实施内部控制评价工作，根据内部控制评价办法制定评价方案，组成评价小组，明确分工和进度安排，采取现场检查等方式开展内部控制评价。

企业可以借助中介机构或外部专家实施内部控制评价，参与企业内部控制评价的中介机构不得同时为同一企业提供内部控制审计服务。

企业开展内部控制评价，应当编制工作底稿。工作底稿应当由评价小组直接填写，指定专人严格复核。

（四）评价方法

评价小组可以综合运用个别访谈、调查问卷、专题讨论、穿行测试、统计抽样和比较分析等多种方法，广泛收集被评价单位内部控制设计和有效运行的证据，研究认定内部控制设计缺陷和运行缺陷。

企业可以运用的内部控制评估和测试方法很多，主要方法如下。

1. 个别访谈法

它是指企业根据检查评价需要，对被查单位员工进行单独访谈，以获取有关信息。

2. 调查问卷法

它是指企业设置问卷调查表，分别对不同层次的员工进行问卷调查，根据调查结果对相关项目作出评价。

3. 比较分析法

它是指通过分析、比较数据间的关系、趋势或比率来取得评价证据的方法。

4. 标杆法

它是指通过与组织内外部相同或相似经营活动的最佳实务进行比较而对控制设计有效性评价的方法。

5. 穿行测试法

它是指通过抽取一份全过程的文件，来了解整个业务流程执行情况的评估评价方法。

6. 抽样法

它是指企业针对具体的内部控制业务流程，按照业务发生频率及固有风险的高低，从确定的抽样总体中抽取一定比例的业务样本，对业务样本的符合性进行判断，进而对业务流程控制运行的有效性作出评价。

7. 实地查验法

它是指企业对财产进行盘点、清查，以及对存货出、入库等控制环节进行现场查验。

8. 重新执行法

它是指通过对某一控制活动全过程的重新执行来评估控制执行情况的方法。

9. 专题讨论会法

它是指通过召集与业务流程相关的管理人员就业务流程的特定项目或具体问题进行讨论及评估的一种方法。

企业应当通过评估和测试获取与内部控制有效性相关的证据，并合理保证证据的充分性和适当性。证据的充分性是指获取证据的数量应当能合理保证相关控制的有效；证据的适当性是指获取的证据应当与相关控制的设计与运行有关,并能可靠地反映控制的实际运行状况。

企业应当及时记录开展内部控制评价工作的方法和程序,并以适当形式妥善保存相关证据。

(五)内部控制缺陷分类

企业在内部控制评价中,应对内部控制缺陷进行分类分析。内部控制缺陷一般可分为设计缺陷和运行缺陷。

设计缺陷是指缺少为实现控制目标所必需的控制,或现存控制设计不适当、即使正常运行也难以实现控制目标。

运行缺陷是指现存设计完好的控制没有按设计意图运行,或执行者没有获得必要授权或缺乏胜任能力以有效地实施控制。评价小组研究认定的内部控制缺陷,应当按照规定的权限和程序报经审批后确定。

企业对内部控制评价过程中发现的问题,应当从定量和定性等方面进行衡量,判断是否构成内部控制缺陷。

存在下列情况之一,企业应当认定内部控制存在设计或运行缺陷:

(1)未实现规定的控制目标。

(2)未执行规定的控制活动。

(3)突破规定的权限。

(4)不能及时提供控制运行有效的相关证据。

(六)内部控制缺陷程度

企业应当对内部控制缺陷进行综合判断,按其严重程度分为重大缺陷、重要缺陷和一般缺陷。

1. 重大缺陷

它是指一个或多个控制缺陷的组合,可能导致企业严重偏离控制目标的情形。

2. 重要缺陷

它是指一个或多个控制缺陷的组合,其严重程度和经济后果低于重大缺陷,但仍有可能导致企业偏离控制目标的情形。

3. 一般缺陷

它是指除重大缺陷、重要缺陷之外的其他控制缺陷。

企业应当建立内部控制缺陷整改机制,明确内部各管理层级和单位整改的职责分工,确保内部控制设计与运行中的主要问题和重大风险得到及时解决和有效控制。

董事会负责重大缺陷的整改,接受监事会的监督。经理层负责重要缺陷的整改,接受董事会的监督。内部有关单位负责一般缺陷的整改,接受经理层的监督。

(七)企业内部控制评价报告

企业内部控制评价一般包括年度评价和专项评价。

年度评价是指企业根据内部控制目标,对企业某一年度建立与实施内部控制的有效性进行的评价。

专项评价是指企业在特定时点对特定范围的内部控制的有效性进行的评价。企业主要负责人应当对内部控制评价结论的真实性负责。

企业应当根据内部控制评价结果和整改情况,编制内部控制评价报告。企业内部控制评价报告应当报企业经理层审核、董事会审定后公布。

内部控制评价报告至少应当包括下列内容:

1)组织实施内部控制评价的总体情况。
2)内部控制责任主体的声明。
3)内部控制评价的范围和内容。
4)内部控制评价的标准和依据。
5)内部控制评价的程序和方法。
6)内部控制重大缺陷及其认定情况。
7)内部控制重大缺陷的整改措施及责任追究情况。
8)内部控制有效性的结论。

(1)内部控制有效性。对于为实现单个或整体控制目标而设计与运行的控制不存在重大缺陷的情形,企业应当认定针对这些整体控制目标的内部控制是有效的。

企业应当根据所收集的证据,判断相关控制的设计与运行是否有效。企业在判断内部控制设计与运行有效性时,应当充分考虑下列因素：① 是否针对风险设置了合理的细化控制目标。② 是否针对细化控制目标设置了对应的控制活动。③ 相关控制活动是如何运行的。④ 相关控制活动是否得到了持续一致的运行。⑤ 实施相关控制活动的人员是否具备必需的权限和能力等。

应用信息系统加强内部控制的企业，还应当对信息系统的有效性进行评价，包括信息系统一般控制评价和信息系统应用控制评价。

一般控制评价应当着重考虑与信息系统开发有关的信息技术控制目标、程序变更、计算机运行和对数据的接触是否符合企业内部控制的要求，是否有利于企业内部控制目标的实现，并以此评价信息系统的安全性、可靠性和合理性。

应用控制评价应当结合企业业务流程的特点，着重考虑信息系统中与业务流程相关的控制点，并以此评价相关应用系统操作数据的真实性、准确性和合规性。

(2) 内部控制无效性。对于为实现某一整体控制目标而设计与运行的控制存在一个或多个重大缺陷的情形，企业应当认定针对该项整体控制目标的内部控制是无效的。

企业应当以12月31日作为年度内部控制评价报告的基准日，也可选择6月30日为基准日。

内部控制评价报告应于基准日后四个月内报出。企业应当在评价报告中明确财务报告日之后截至内部控制评价日发生的、可能影响财务报告控制目标有效性的所有重大变化。

【案例分析与点评】

应当不断健全内部控制评估制度

案例简介

W公司是全球信息技术行业中的一家大型半导体制造商，计划某年到美国上市。为了满足美国《萨班斯法案》规定的在美上市公司必须建立、健全并报告公司内部控制的要求,该公司董事长主持召开了内部控制问题专题讨论会,侧重听取公司各部门经理的意见和建议。有关发言人员的意见和建议如下:

人力资源部经理:我公司在近20年的发展过程中,已经建立了一套治理严密的组织结构,为保证在美上市公司能够在同样严谨的治理环境下高效运作,我建议对在美上市公司的组织结构设置采用完全复制总部的策略,不仅包括组织结构的复制,还应包括企业文化的复制。

风险管理部经理:我公司在美一家分公司××××年第一季度的物流风险评估结果显示,由于公司工序设计不合理的原因,造成某种产品在在产品环节大量积压,而市场需求十分旺盛。针对这种情况,我们及时将风险评估结果提交战略规划部,最终通过投资改造有关生产设备而大大优化了工序,消除了在产品环节的积压,恢复了正常的市场供应。为了避免我公司在美上市过程中再出现类似的问题,建议公司内部控制建设能够关注此类事件。

物流部经理:年初我公司建成并投入使用了物流管理系统。这套物流管理系统给我们每一件产品都设置了一个UPC(通用产品代码)。不论在产品还是产成品,都可以在物流管理系统上查到它的所有信息。比如,若某个流向消费者的芯片发生了散热故障,可以通过物流管理系统上的记录查询该芯片各道工序的所有详细信息,找出问题的症结所在。实践证明,加强物流管理系统建设是强化内部控制的有效举措。

内部审计部经理:一年一次的同业监督和随机审查是必要的,这可以让美国人更信赖我们的内部控制运行效果。我很赞同董事会对聘用的会计师事务所的要求,即除了每年的年报审计外,还至少应有二至三次的日常性审查。

财务部经理:我们已经开始讨论在财务部成立专门的内部控制小组,这个小组将由熟悉公司业务的人员组成,包括存货分析师、风险管理师等,以全力配合其他部门的工作。比如,每月的盘点工作,我们都打算让存货分析师参与现场工作。

信息部经理:今年年初,我们就开始积极联系美国的3家大型公司,这些公司与公司已形成供应链上下游关系。我们计划在明年上半年联合推出供应链信息透明制度,这将使整个供应链结构发生巨大变化。届时,所有的供应商和购买商的交易信息都可以反映和记录在网络系统里。在不违背商业机密的原则下,任意两个交易商都可以知道彼此的交易信息。

案例分析点评

从以上资料分析,W公司建立了比较完善的内部控制体系,尤其是针对业务活动的内部控制,其中包括:

(1) 组织结构模式比较稳定,有利于构建一个良好的控制环境。W公司作为一家大型企业,要想有一个稳定的控制环境,必须要有一套科学的运作模式。人力资源部经理提出的完全复制模式是一个很好的建议,有利于公司在全球范围内整合需求,协调运筹。在美上市公司复制本部公司模式,复制的内容应包括公司的治理结构,董事会和审计委员会的设立、管理方法以及经营哲学等有关控制环境的方方面面。

(2) 事前风险评估机制比较完善。W公司要在美国上市,就必然面临汇率波动风险等一系列风险。针对这些风险,W公司建立了很好的风险识别、评价和应对机制。风险管理部门的工作是一个事前的、科学的、持续的、反馈的活动,通过对已有风险的评估,避免类似事件的发生,有助于公司降低风险发生的概率,并可有效将事故发生后的损失降到最低限度。

(3) 与信息系统相适应的实物控制活动比较健全。作为一家半导体制造商,W公司的一切关于供应链的控制活动都是通过信息来传达的。通过信息系统建设,公司操作人员不但可以实时对生产情况、物流情况等进行监控,还可知道实物与报告的差距,从而不断调整、有效开展控制活动,使实物与报告相符,提高报告的真实可靠性。

(4) 战略性的外部信息沟通渠道比较畅通。W公司通过积极参与上下游公司供应链的战略联盟,通过信息共享的方式,强化了与这些企业的外部信息沟通渠道,形成一种共享收益、共担风险的战略伙伴关系,这种战略性的外部沟通渠道的建立,有助于公司的内部控制实现战

第六讲 企业内部控制评价指引

略、营运等目标。

(5) 对公司经营活动进行了多层监督。W公司通过外部审计、内部审计和财务控制三个层面对公司内部活动进行监督。外部审计师除了年报审计外,还参与了其他重大项目的审计;内部审计师对内部控制的有效性起着重要作用,对公司经营活动各环节的个别监督评估,有助于发现和改进重大控制缺陷;财务部门对公司日常活动进行审查,这是一种持续性的监督活动,与公司经营关系最为密切。

事实上,任何一项内部控制措施都不可能尽善尽美,总有其固有的局限性。主要表现为由于人为因素使得内部控制措施失效,包括对控制责任的误解和执行控制时的粗心大意、疲劳以及舞弊等。此外,内部控制是一个动态的不断完善的过程,随着时间的推移,经营活动可能不断发生变化,原来完善的控制措施也可能会逐渐失效。因此,实施企业内部控制应当应变而变,不断提高,所以,建立与健全内部控制评估制度将是一项不断完善的长期而艰巨的任务。

第七讲　企业内部控制审计指引

一、企业内部控制审计概述

内部控制审计是指会计师事务所接受委托,对特定基准日内部控制设计与运行的有效性进行审计。它是企业内部控制规范体系实施中引入的强制性要求,既有利于促进企业健全内部控制体系,又能增强企业财务报告的可靠性。凡上市公司聘请的会计师事务所,应当具有证券、期货业务资格;非上市大中型企业聘请的会计师事务所也可以是不具有证券、期货业务资格的大中型会计师事务所。

为了规范注册会计师内部控制审计业务,明确工作要求,保证执业质量,根据《基本规范》、《中国注册会计师鉴证业务基本准则》及相关执业准则,财政部制定了《审计指引》,共7章34条。财政部等五部委制定的《基本规范》和《应用指引》是注册会计师衡量企业内部控制是否有效的基础标准。注册会计师在执行内部控制审计时,除遵守审计指引外,还应当遵守中国注册会计师相关执业准则。

内部控制自我评价和外部审计评价是我国企业内部控制规范体系建设的两大制度层面。人们应当关注内部评价和外部审计之间的差异,并分别加深对两者对于评价程序、评价方法、缺陷认定、报告途径的理解。

如果说内部控制评价是进行"自我体检"的话,那么,内部控制审计是进行"外部体检"。如果说内部控制的自我评价已经很不容易,那么,实施内部控制的外部审计具有鉴证作用,其难度更大。为了使"外部体检"更具有专业性和公正性,严格执行《审计指引》就显得尤为重要。

二、企业内部控制审计要点

1. 企业责任与审计责任的划分

建立健全和有效实施内部控制，评价内部控制的有效性是企业董事会的责任，但对内部控制的有效性发表审计意见是注册会计师的责任。

2. 审计范围确定

注册会计师基于基准日（如年末 12 月 31 日）内部控制的有效性发表意见，而不是对财务报表涵盖的整个期间（如 1 年）的内部控制的有效性发表意见。但这并不意味着注册会计师只关注企业基准日当天的内部控制，而是要考察企业一个时期内（足够长的一段时间）内部控制的设计和运行情况。注册会计师所采用的内部控制审计的程序和方法，应当体现这种延续性。

注册会计师执行内部控制审计工作，应当获取充分、适当的证据，为发表内部控制审计意见提供合理保证。为此，注册会计师应当编制内部控制审计工作底稿，完整记录审计工作情况。

注册会计师应当对财务报告内部控制的有效性发表审计意见，并对内部控制审计过程中注意到的非财务报告内部控制的重大缺陷，在内部控制审计报告中增加"非财务报告内部控制重大缺陷描述段"予以披露。

上述规定实际上明确了注册会计师审计的范围应当覆盖企业内部控制整体而不限于财务报告内部控制。这与要求企业完整而全面地贯彻实施内部控制规范体系是相一致的。但是，考虑到注册会计师在内部控制审计过程中的风险责任承担能力限制，该指引要求注册会计师针对企业财务报告内部控制有效性发表审计意见，而对相关审计过程中注意到的非财务报告内部控制重大缺陷，要求其增加描述段予以说明。

3. 整合审计问题

注册会计师可以单独进行内部控制审计，也可以将内部控制审计与财务报表审计整合进行。整合审计可以提升效率,也是国际上普遍采用的方法。

需要特别指出的是,"整合"不包括注册会计师对同一家企业既做咨询又做审计的情形。《基本规范》对此已有明确规定,即:"为企业内部控制提供咨询的会计师事务所,不得同时为同一企业提供内部控制审计服务。"

4. 利用被审计单位人员的工作

有效利用被审计单位人员的工作成果,尤其是自我评价结论,可以减少审计成本。但是,如何才能做到既有效利用又能够保持独立性,是一个两难的问题。审计指引为此提出如下要求:

(1) 注册会计师应当对企业内部控制自我评价工作进行评估,判断是否利用企业内部审计人员、内部控制评价人员和其他相关人员的工作以及可利用的程度,相应减少可能本应由注册会计师执行的工作。

(2) 注册会计师应当对企业内部审计人员、内部控制评价人员和其他相关人员的专业胜任能力和客观性进行充分评价。

(3) 注册会计师应当对发表的审计意见独立承担责任,其责任不因为利用企业内部审计人员、内部控制评价人员和其他相关人员的工作而减轻。

5. 审计方法

注册会计师应当恰当地计划内部控制审计工作,配备具有专业胜任能力的项目组,并对助理人员进行适当的督导。

注册会计师应当按照自上而下的方法实施审计工作,并将其作为识别风险、选择拟测试控制的基本思路。

(1) 从财务报表层次初步了解内部控制整体风险。

(2) 识别企业层面控制。

(3) 识别重要账户、列报及其相关认定。

(4) 了解错报的可能来源。

(5) 选择拟测试的控制。

注册会计师应当以风险评估为基础,选择拟测试的控制,确定测试所需收集的证据。内部控制的特定领域存在重大缺陷的风险越高,给予该领域的审计关注就越多。与某项控制相关的风险越高,可利用程度就越低,注册会计师应当更多地对该项控制亲自进行测试。

注册会计师应当测试内部控制设计与运行的有效性。如果某项控制由拥有必要授权和专业胜任能力的人员按照规定的程序与要求执行,能够实现控制目标,表明该项控制的设计是有效的。如果某项控制正在按照设计运行,执行人员拥有必要授权和专业胜任能力,能够实现控制目标,表明该项控制的运行是有效的。

6. 评价控制缺陷

《审计指引》对于内部控制缺陷的划分与评价指引的规定是吻合的。

注册会计师在识别内部控制重大缺陷时,应当先评价其所识别出的各项内部控制缺陷的严重程度,以此确定这些缺陷单独或组合起来是否构成重大缺陷。如注册会计师发现董事、监事和高级管理人员舞弊;企业更正已经公布的财务报表;注册会计师发现当期财务报表存在重大错报,而内部控制在运行过程中未能发现该错报;企业审计委员会和内部审计机构对内部控制的监督无效。

在确定一项内部控制缺陷或多项内部控制缺陷的组合是否构成重大缺陷时,注册会计师应当评价补偿性控制(替代性控制)的影响;

注册会计师应当将审计过程中发现的所有控制缺陷与企业进行沟通,对其中的重大缺陷和重要缺陷应以书面形式与董事会和经理层沟通。注册会计师认为审计委员会和内部审计机构对内部控制的监督无效的,还应当就此以书面形式直接与董事会和经理层沟通。所有这些书面沟通应当在注册会计师出具内部控制审计报告之前进行。

7. 出具审计报告

注册会计师出具的审计报告涉及财务报告内部控制和非财务报告内部控制两大方面。《审计指引》为此还提供了四种内部控制审计报告参考格式,分别是:标准内部控制审计报告、带强调意见段的无保留意见内部控制审计报告、否定意见内部控制审计报告和无法表示意见审计报告。

对非财务报告内部控制缺陷的处理,《审计指引》分别不同情况特别提出如下要求。

注册会计师认为非财务报告内部控制缺陷为一般缺陷的,应当与企业进行沟通,提醒企业加以改进,但无需在内部控制审计报告中说明。

注册会计师认为非财务报告内部控制缺陷为重要缺陷的,应当以书面形式与企业董事会和经理层沟通,提醒企业加以改进,但无需在内部控制审计报告中说明。

注册会计师认为非财务报告内部控制缺陷为重大缺陷的,应当以书面形式与企业董事会和经理层沟通,提醒企业加以改进;同时应当在内部控制审计报告中增加非财务报告内部控制重大缺陷描述段,对重大缺陷的性质及其对实现相关控制目标的影响程度进行披露,提示内部控制审计报告使用者注意相关风险。

【案例分析与点评】

内部控制无效导致集体舞弊

案例简介

某年年初,某集团内某机器制造公司审计处在进行公司上年度年报审计中发现这样一个反常现象:公司近两年的民品销售收入分别为4 563万元、5 323万元,呈上升趋势;财务账面上反映的废旧物资销售的数量分别是863吨、510吨,废旧物资销售的收入分别是78万元、45万元,呈下降趋势。在正常情况下,生产过程中发生的边角料等废旧物资应该与生产规模同比例增长或下降,为什么财务数据反映的却是不合理的趋势呢?带着疑问,审计处对公司物资处的废旧物资的回收、销售、收款等情况进行了重点审计。查出异常情况的背后是一起集体舞弊案件。

经审计,发现该公司内控薄弱,凭证混乱,管理失控。公司物资处处长、综合室主任、仓库主任、废旧回收站站长、计划员等四人为了小团体的利益,擅自决定出售、截留废旧物资数量81.5吨,款额91 200元,截至审计时,已经将私自出售和截留的销售收入私分了50 605.80元(涉及63人,每人500元至2 000元不等),同时擅自决定降价销售废旧物资,造成损失14 000元。其舞弊的手法如下所述。

(1) 擅自出售,截留货款。上述人员利用职权之便与租赁公司厂房的湖南个体经营者串通,擅自将废旧物资销售给没有此项业务来往、也没有签订合同的湖南个体经营者,并要求其将销售货款不交财务部门而直接交物资处;私自销售的废旧物资出门时,借湖南个体经营者的名义,由湖南个体经营者以自己在锻工房加工的少许产品掩盖,或以其加工的产品或废料需要出门为由,堂而皇之地将盗卖的废旧物资办理出门手续。

(2) 私自截留废旧物资款,私设小金库。主要是通过与签有合同业务的柳州个体经营者截留收入,物资处处长要求柳州个体经营者在销售废旧物资过程中,一部分销售的废旧物资款交财务部门,另一部分销售的废旧物资款截留下来,交到物资处作小金库(即通俗说的"开阴阳收据")。私自截留出售的废旧物资出门时,以部分销售的废旧物资办理出门手续,即以少量的废旧物资申报并取得出门单,然后以超过出门单标明的废旧物资实际数量出门。

(3) 收买门卫,违规操作。为了能将违规销售的废旧物资顺利办理出门,物资处处长指使综合室主任,给门卫送钱、物,致使门卫在违规废旧物资办理出门时放弃职守,大开方便之门。

(4) 越权审批,擅自降价。物资处处长明知道废旧物资销售及其销价变动要经过有关部门审核并履行合同手续,但其却擅自决定将废旧物资销售价格降价,造成损失14 000元。

案例分析点评

如果企业存在一个或多个重大缺陷,内部控制应被认定为是无效的。上述案例经过审计可以被认定为该企业内部控制无效。由于企业内部控制存在着重大缺陷，注册会计师可以对其发表否定的鉴证意见。

上述舞弊案件涉及的金额并不算很大，但它暴露出来的内部管理问题却是严重的。经审计，物资处废旧物资的回收、分类、登记、过磅、合同、出售、收款和门卫检查等业务流程环节均出现了失控或有章不循的情况。

(1) 超越内部组织分工责任原则处置业务。根据公司内部职责权限，废旧物资的出售业务需要计划处（如签合同）、财务处（如价格变动审批）等部门和主管领导的审批，但是该公司上年度下半年大部分废旧物资的出售违反了岗位责任制与分工控制原则，不通过计划处、财务处等业务部门，擅自决定和处理废旧物资的出售业务。在物资处内部也出现了这样的越位行为，本来公司为了规范废旧物资的出售，在物资处内部专门设立了废旧物资回收站，负责废旧物资回收和销售，但很多废旧物资业务没有经过废旧物资回收站，由物资处处长直接指定没有此项业务权限的综合室主任直接处理。

(2) 违反职务分离原则授予或办理业务。按照职务分离原则，某项经济业务的授权批准职务，应与执行该业务的职务分离，但在废旧物资出售业务处理中，出现了批准人（物资处处长）亲自与客户处理降价、交款等业务。另外，物资计量应有过磅员专司其职，但却出现综合室主任参与废旧物资过磅等现象。

(3) 不遵守业务流程控制。每一项经济业务的完成都需要经过一定的业务流程环节。废旧物资销售业务的业务环节一般包括：业务批准→物资过磅→填单（包括填写磅码单和结算单）→交款→办出门单→门卫验单放行（包括复验或抽检）。但是上述案件中废旧物资销售却违反了业务流程，门卫复检先通知物资处人员后复检，致使出现参与废旧物资销售舞弊的人知道要复检的则按过磅如实填报，不复检的则以少量的废旧物资申报并取得出门单的现象。按规定，废旧物资应先交款，才能办理出门单，门卫据此验单决定是否放行，但实际操作中出现了没有交款，没有办出门单也放行的现象。湖南个体经营者就是采用先做生意后交款的方式，将废旧物资拉出门卖了之后隔几天才将款交到物资处。

（4）不遵守业务单据控制管理原则。一是《磅码单》和《产品、材料转移结算单》随意置放，无专人管理；二是《产品、材料转移结算单》有两种，其中一种没有编号，无法知道使用了多少，什么时间使用，谁领用等。由于单据管理不当，审计核查废旧物资销售业务时，竟出现了有废旧物资销售业务却没有《磅码单》和《产品、材料转移结算单》相对应的现象，无法核对销售业务的真实情况。

（5）废旧物资业务管理混乱。废旧物资的回收、登记、过磅、销售，没有做到点点相连，环环扣紧，有的无记录，无单据，没有形成连续性、完整性和有效性。回收和出售的数字统计与实际出入较大。由于物资处废旧物资销售业务记录不完整，财务数据与物资处废旧物资销售业务记录无法核对；又由于各生产单位没有记录，物资处的废旧物资回收记录，与各生产单位也无法核对。

（6）规章制度没有起到制约作用。公司专门制定了《废旧物资回收利用管理办法》，同时涉及的相关制度还有《出入生产区管理制度》、《现金有价证券管理办法》、《资产管理总则》等，但在这起舞弊案件中，相应的制度没有起到监督控制作用。这么多的违规废旧物资(有据可查的有81.5吨)，要经过过磅、填单、合同、收款、门卫检查等多个业务环节和部门，却都能顺利出门。

一个典型的舞弊案例就是一份生动而有教益的反面教材，它会给人们带来许多必要的思考，并引起人们对日常一些似是而非的观念进行反思。

（1）集体舞弊很容易被发现吗？对于舞弊行为，在理论界有这样的观点很流行：在舞弊审计中，两个人以上的集体合谋舞弊行为难度要高于一个人的个体舞弊行为，容易因信息源的扩大而暴露，因此，集体舞弊很容易被发现。确实，集体舞弊行为的难度可能高于个体的舞弊行为，但因此说集体合谋舞弊行为参加的人数多就容易被发现则值得讨论。在上述案例中，主要起因是物资处主要领导的一个错误决定，参与的另外三个人没有按岗位职责和规章制度予以抵制，同时由于舞弊者对门卫等重要部门、岗位给予好处,致使舞弊行为畅通无阻。如果不是审计处在年报审计中使用分析性复核时正好选中舞弊者行为的相关数据,则短时间内难以被发现。而集体合谋舞弊行为难以被发现的案例很多。例如,上市公司银广夏、黎明服装、东方电子、东方锅炉等,这些管理舞弊案例,涉案金额大、作案时间跨度长、参与的都是高层管理人员,且手段高深,如银广夏为了使造假的财务报表能够互相吻合,通过倒推的方法,根据"成本"计算出"销售量"和"销售价格",并依据这些销售量和销售价格的结果,安排每个月的进料和出货单以及每个月、每季的财务数据。由于是集体合谋,加之在整个业务循环流程上弄虚作假,所提供的整套信息全是虚假的,所以,应该说查找舞弊,特别是查找集体舞弊行为,是有一定难度的。

(2) 舞弊都有一定的原由或借口吗?应该说可能都是有的。有研究表明,当舞弊产生的三个因素:动机(压力)、机会和借口的可能性都增加时,舞弊的发生将确信无疑。上述案件的当事人物资处处长解释他这样做的原因,在压力方面是因为他原来是劳动人事处处长,刚调到物资处履行新职,来后很多职工认为他是外行、业务能力不强,他感到压力很大,因此想通过别的渠道弄点钱给职工,让职工在干部评议时投他的票;在机会方面他正好管理物资,有条件;在借口方面,之所以心安理得,他认为,卖的东西大都是边角料等废旧物资,钱也是发给物资处的职工,职工收入多了,积极性也就上去,会以工作成绩回报单位。可见,在每起舞弊行为面前,舞弊者都采取自欺欺人的说法,使自身行为"合理化"。

(3) 业务管理存在一些缺陷不要紧吗?内部控制制度如果存在"蚁穴",不及时修补完善,很容易酿成大错。上述舞弊案件,手段并不高明,其之所以得逞,一个重要原因是凭证管理等方面有漏洞。作为销售业务结算用的《产品、材料转移结算单》等重要单据,竟然没有编号、领用也没有专人管理,完全违背内部控制制度要求的凭证和记录须预先编号,保持记录的链条性、完整性原则。管理制度有瑕疵,违规虽然不一定每一次都造成损失,但制度上的"空档",很容易被心存私念的人利用,如果让其钻空子得逞一次,则一发不可收拾,将带来更大的损失。

(4) 有了内部控制制度就能抑制舞弊的发生吗?不一定。企业的一切管理工作都是从建立和健全内部控制制度开始的,企业的一切决策都应统驭在完善的内部控制体系之下。但是有了内部控制制度,必须严格遵守并严格检查执行情况,才能保证制度的有效运行。如果缺乏有效的执行,则形同虚设。上述舞弊案件,废旧物资业务处理涉及的回收、分类、登记、过磅、合同、出售、收款、门卫检查等流程环节均出现了失控。内部控制之所以失控,不是没有规章制度,而是有章不循、违章不究。

(5) 是"制度比人重要"还是"人比制度重要"?在内部控制方面,对人的要求,只注重业务素质,不注重道德素养行不行?这是企业管理理论和实践争论不休的话题。一个企业缺乏制度约束,把企业的各种潜在风险的控制完全寄托于人的道德品质,肯定是不行的。因为制度再完善,如果没有合格的人来执行或者执行不到位,早晚是要出问题的。上述案件,在一个制度较为完善的国有企业里,正是由于人的道德即忠诚出现了问题,企业的内部控制制度的"防火墙"被内部人员合谋推倒了。"巴林银行事件"也是这样,里森的职业操守出了问题并违规操作,就断送了一个历史悠久、信誉卓著的企业。

分析舞弊案例以后让人们清醒地认识到,事后控制不如事中控制,事中控制不如事前控制。事后控制、事中控制与事前控制应当三管齐下,共同作用才好。如果规范管理、违章必究、控制到位,舞弊案件是可以避免或及早发现的,可惜的是有些企业的有些管理者没有认识清楚这一点,总是等到舞弊案件发生并造成损失后才寻找补救措施,为时已晚也!

为此,企业应当加强内部控制制度的设计、建立与健全工作,并注意不断地加以完善。

1) 对企业内部结构和外部环境进行深入细致的调查。重点是对企业的经营性质、经营规模、经营方式、组织体系、机构设置、人员、资金、物资、设备、技术信息沟通情况和经营管理状况,以及单位所处的外部政治、经济、法律环境等进行调查。

2) 可以按照系统理论和方法的要求划分单位内部结构,通常包括:

(1) 行政领导体系。包括行政领导的设置、各个职能部门和分支机构设置。

(2) 构成要素体系。包括人、财、物资、设备、技术、信息沟通的所属系统。

(3) 经营体系。包括采购、生产、销售、储存、运输等系统。

(4) 管理体系。包括会计、统计、审计、电子信息和网络监控系统。

3) 确定所属系统活动过程中的关键环节。根据划分的各个所属系统,确定系统运行过程中的关键环节和风险控制点,同时制定每一个关键环节控制要点的有效方法和操作规范。

4) 形成内部控制制度的文本规定。即把内部控制的各项原则贯彻到各个有关控制系统的程序、方法和规范中,用文字、流程图等形式分别在有关的内部控制制度中予以说明。

5) 在设计与完善内部控制制度上应当注意的问题。具体如下所述:

(1) 预防为主、查处为辅。预防控制为主要求明确规定业务活动的规则和程序,制定相应的规章制度,保证业务活动有条不紊地进行,尽量避免错误、舞弊等现象的发生。在坚持预防为主的前提下,要采取内部稽核、内部审计等方式,加大对不法行为或无效率行为的查处力度,多方面、多渠道堵塞漏洞。

(2) 选择重点,控制关键。内部控制的重点是防范风险,避免和减少差错和舞弊、效率低下、违法乱纪行为的发生。关键控制点的选择十分重要。例如,哪一个控制点能够最好地衡量业绩;哪一个控制点能够反映重要的偏差;哪一个控制点能够以最小的代价纠正偏差;哪一个控制点最为有效,如此等等,值得深入研究。

(3) 相互牵制,规范控制。在横向关系上,一项业务至少要经过彼此独立的两个或两个以上部门或人员,以使该部门或人员的工作能够接受其他部门或人员的检查和制约。在纵向关系上,一项业务至少也要经过互不隶属的两个或两个以上的岗位和环节,以使上下级相互监督。

(4)补救措施,亡羊补牢。有效的内部控制制度应该能够防止意外事件或不良后果的产生,具有及时发现和揭示出已经产生的差错、舞弊和其他不规范行为的能力,确保及时采取适当的纠正措施,防患于未然或亡羊补牢。

附录

企业内部控制基本规范

第一章 总　则

第一条 为了加强和规范企业内部控制,提高企业经营管理水平和风险防范能力,促进企业可持续发展,维护社会主义市场经济秩序和社会公众利益,依据《中华人民共和国公司法》、《中华人民共和国证券法》、《中华人民共和国会计法》和其他有关法律法规,制定本规范。

第二条 本规范适用于中华人民共和国境内设立的大中型企业。

小企业和其他单位可以参照本规范建立与实施内部控制。

大中型企业和小企业的划分标准根据国家有关规定执行。

第三条 本规范所称内部控制,是由企业董事会、监事会、经理层和全体员工实施的、旨在实现控制目标的过程。

内部控制的目标是合理保证企业经营管理合法合规、资产安全、财务报告及相关信息真实完整,提高经营效率和效果,促进企业实现发展战略。

第四条 企业建立与实施内部控制,应当遵循下列原则:

(一)全面性原则。内部控制应当贯穿决策、执行和监督全过程,覆盖企业及所属单位的各种业务和事项。

(二)重要性原则。内部控制应当在全面控制的基础上,关注重要业务和高风险领域。

(三)制衡性原则。内部控制应当在治理机构、机构设置及权责分配、业务流程等方面形成相互制约、相互监督,同时兼顾运营效率。

(四)适应性原则。内部控制应当与企业经营规模、业务范围、竞争状况和风险水平等相适应,并随着情况的变化及时加以调整。

(五)成本效益原则。内部控制应当权衡实施成本与预期效益,以适当的成本实现有效控制。

第五条 企业建立与实施有效的内部控制,应当包括下列要素:

(一)内部环境。内部环境是企业实施内部控制的基础,一般包括治理结构、机构设置与权责分配、内部审计、人力资源政策、企业文化等。

(二)风险评估。风险评估是企业及时识别、系统分析经营活动中与实现内部控制目标相关的风险,合理确定风险应对策略。

(三)控制活动。控制活动是企业根据风险评估结果,采用相应的控制措施,将风险控制在可承受度之内。

(四)信息与沟通。信息与沟通是企业及时、准确地收集、传递与内部控制相关的信息,确保信息在企业内部、企业与外部之间进行有效沟通。

(五)内部监督。内部监督是企业对内部控制建立与实施情况进行监督检查,评价内部控制的有效性,发现内部控制缺陷,应当及时加以改进。

第六条 企业应当根据有关法律法规、本规范及其配套方法,制定本企业内部控制制度并组织实施。

第七条 企业应当运用信息技术加强内部控制,建立与经营管理相适应的信息系统,促进内部控制流程与信息系统的有机结合,实现对业务和事项的自动控制,减少或消除人为操纵因素。

第八条 企业应当建立内部控制实施的激励约束机制,将各责任单位和全体员工实施内部控制的情况纳入绩效考评体系,促进内部控制的有效实施。

第九条 国务院有关部门可以根据法律法规、本规范及其配套办法,明确贯彻实施本规范的具体要求,对企业建立与实施内部控制的情况进行监督检查。

第十条 接受企业委托从事内部控制审计的会计师事务所,应当根据本规范及其配套办法和相关执业准则,对企业内部控制的有效性进行审计,出具审计报告。会计师事务所及其签字的从业人员应当对发表的内部控制审计意见负责。

为企业内部控制提供咨询的会计师事务所,不得同时为同一企业提供内部控制审计服务。

第二章 内部环境

第十一条 企业应当根据国家有关法律法规和企业章程,建立规范的公司治理结构和议事规则,明确决策、执行、监督等方面的职责权限,形成科学有效的职责分工和制衡机制。股东(大)会享有法律法规和企业章程规定的合法权利,依法行使企业经营方针、筹资、投资、利润分配等重大事项的表决权。

董事会对股东(大)会负责,依法行使企业的经营决策权。

监事会对股东(大)会负责,监督企业董事、经理和其他高级管理人员依法履行职责。

经理层负责组织实施股东(大)会、董事会决议事项,主持企业的生产经营管理工作。

第十二条 董事会负责内部控制的建立健全和有效实施,监事会对董事会建立与实施内部控制进行监督。经理层负责组织领导企业内部控制的日常运行。

企业应当成立专门机构或者指定适当的机构具体负责组织协调内部控制的建立实施及日常工作。

第十三条 企业应当在董事会下设立审计委员会,审计委员会负责审查企业内部控制,监督内部控制的有效实施和内部控制自我评价情况,协调内部控制审计及其他相关事宜等。

审计委员会负责人应当具备相应的独立性、良好的职业操守和专业胜任能力。

第十四条 企业应当结合业务特点和内部控制要求设置内部机构,明确职责权限,将权利与责任落实到各责任单位。

企业应当通过编制内部管理手册,使全体员工掌握内部机构设置、岗位职责、业务流程等情况,明确权责分配,正确行使职权。

第十五条 企业应当加强内部审计工作,保证内部审计机构设置,人员配备和工作的独立性。

内部审计机构应当结合内部审计监督,对内部控制的有效性进行监督检查,内部审计机构对监督检查中发现的内部控制缺陷,应当按照企业内部审计工作程序进行报告;对监督检查中发现的内部控制重大缺陷,有权直接向董事会及其审计委员会、监事会报告。

第十六条 企业应当指定和实施有利于企业可持续发展的人力资源政策。人力资源政策应当包括下列内容:

(一)员工的聘用、培训、辞退与辞职。

(二)员工的薪酬、考核、晋升与奖惩。

(三)关键岗位员工的强制休假和定期岗位轮换制度。

(四)掌握国家秘密或重要商业秘密的员工离岗的限制性规定。

(五)有关人力资源管理的其他政策。

第十七条 企业应当将职业道德素养和专业胜任能力作为选拔和聘用员工的重要标准,切实加强员工培训和继续教育,不断提升员工素质。

第十八条 企业应当加强文化建设,培育积极向上的价值观和社会责任感,倡导诚实守信、爱岗敬业、开拓创新和团队协作精神,树立现代管理理念,强化风险意识。

董事、监事、经理及其他高级管理人员应当在企业文化建设中发挥主导作用。

企业员工应当遵守员工行为守则。认真履行岗位职责。

第十九条 企业应当加强法制教育,增强董事、监事、经理及其他高级管理人员和员工的法制观念,严格依法决策、依法办事、依法监督,建立健全法律顾问制度和重大法律纠纷案件备案制度。

第三章 风险评估

第二十条 企业应当根据设定的控制目标,全面系统持续地收集相关信息,结合实际情况,及时进行风险评估。

第二十一条 企业开展风险评估,应当准确识别与实现控制目标相关的内部风险和外部风险,确定相应的风险承受度。

风险承受度是企业能够承担的风险限度,包括整体风险承受能力和业务层面的可接受风险水平。

第二十二条 企业识别内部风险,应当关注下列因素:

(一)董事、监事、经理及其他高级管理人员的职业操守、员工专业胜任能力等人力资源因素。

(二)组织机构、经营方式、资产管理、业务流程等管理因素。

(三)研究开发、技术投入、信息技术运用等自主创新因素。

(四)财务状况、经营成果、现金流量等财务因素。

(五)营运安全、员工健康、环境保护等安全环保因素。

(六)其他有关内部风险因素。

第二十三条 企业识别外部风险,应当关注下列因素:

(一)经济形式、产业政策、融资环境、市场竞争、资源供给等经济因素。

(二)法律法规、监督要求等法律因素。

(三)安全稳定、文化传统、社会信用、教育水平、消费者行为等社会因素。

(四)技术进步、工艺改进等科学技术因素。

(五)自然灾害、环境状况等自然环境因素。

(六)其他有关外部风险因素。

第二十四条 企业应当采用定性与定量相结合的方法,按照风险发生的可能性及其影响程度等,对识别的风险进行分析和排序,确定关注重点和优先控制的风险。

企业进行风险分析,应当充分吸收专业人员,组成风险分析团队,按照严格规范的程序开展工作,确保风险分析结果的准确性。

第二十五条 企业应当根据风险分析的结果,结合风险承受度,权衡风险与收益,确定风险应对策略。

企业应当合理分析、准确掌握董事、经理及其他高级管理人员、关键岗位员工的风险偏好,采取适当的控制措施,避免因个人风险偏好给企业经营带来重大损失。

第二十六条 企业应当综合运用风险规避、风险降低、风险分担和风险承受等风险应对策略，实现对风险的有效控制。

风险规避是企业对超出风险承受度的风险，通过放弃或者停止与该风险相关的业务活动以避免和减轻损失的策略。

风险降低是企业在权衡成本效益之后，准备采取适当的控制措施降低风险或者减轻损失，将风险控制在风险承受度之内的策略。

风险分担是企业准备借助他人力量，采取业务分包，购买保险等方式和适当的控制措施，将风险控制在风险承受度之内的策略。

风险承受是企业对风险承受度之内的风险，在权衡成本效益之后，不准备采取控制措施降低风险或者减轻损失的策略。

第二十七条 企业应当结合不同发展阶段和业务拓展情况。持续收集与风险变化相关的信息，进行风险识别和风险分析，及时调整风险应对策略。

第四章　控　制　活　动

第二十八条 企业应当结合风险评估结果，通过手工控制与自动控制、预防性控制与发现性控制相结合的方法，运用相应的控制措施，将风险控制在可承受度之内。

控制措施一般包括：不相容职务分离控制、授权审批控制、会计系统控制、财产保护控制、预算控制、运营分析控制和绩效考评控制等。

第二十九条 不相容职务分离控制要求企业全面系统地分析、梳理业务流程中所涉及的不相容职务，实施相应的分离措施，形成各司其职、各负其责、相互制约的工作机制。

第三十条 授权审批控制要求企业根据常规授权和特别授权的规定，明确各岗位办理业务和事项的权限范围、审批程序和相应责任。

企业应当编制常规授权的权限指引，规范特别授权范围、权限、程序和责任，严格控制特别授权。常规授权是指企业在日常经营管理活动中按照既定的职责和程序进行的授权。特别授权是指企业在特殊情况、特定条件下进行的授权。

企业各级管理人员应当在授权范围内行使职权和承担责任。

企业对于重大的业务和事项,应当实行集体决策审批或者联签制度,任何个人不得单独进行决策或者擅自改变集体决策。

第三十一条 会计系统控制要求企业严格执行国家统一的会计准则制度,加强会计基础工作,明确会计凭证、会计账簿和财务会计报告的处理程序,保证会计资料的真实完整。

企业应当依法设置会计机构,配备会计从业人员、从事会计工作的人员,必须取得会计从业资格证书,会计机构负责人应当具备会计师以上专业技术职务资格。

大中型企业应当设置总会计师,设置总会计师的企业,不得设置与其职权重叠的副职。

第三十二条 财产保护控制要求企业建立财产日常管理制度和定期清查制度,采取财产记录、实物保管、定期盘点、账实核对等措施,确保财产安全。

企业应当严格限制未经授权的人员接触和处置财产。

第三十三条 预算控制要求企业实施全面预算管理制度,明确各责任单位在预算管理中的职责权限;规范预算的编制、审定、下达和执行程序,强化预算约束。

第三十四条 运营分析控制要求企业建立运营情况分析制度、经理层应当综合运用生产、购销、投资、筹资、财务等方面的信息,通过因素分析、对比分析、趋势分析等方法,定期开展运营情况分析,发现存在的问题,及时查明原因并加以改进。

第三十五条 绩效考评控制要求企业建立和实施绩效考评制度。科学设置考核指标体系,对企业内部各责任单位和全体员工的业绩进行定期考核和客观评价,将考评结果作为确定员工薪酬以及职务晋升、评优、降级、调岗、辞退等的依据。

第三十六条 企业应当根据内部控制目标,结合风险应对策略,综合运用控制措施,对各种业务和事项实施有效控制。

第三十七条 企业应当建立重大风险预警机制和突发事件应急处理机制，明确风险预警标准，对可能发生的重大风险或突发事件，制定应急预案、明确责任人员、规范处置程序，确保突发事件得到及时妥善处理。

第五章 信息与沟通

第三十八条 企业应当建立信息与沟通制度，明确内部控制相关信息的收集、处理和传递程序，确保信息及时沟通，促进内部控制有效运行。

第三十九条 企业应当对收集的各种内部信息和外部信息进行合理筛选、核对、整合，提高信息的有用性。

企业可以通过财务会计资料、经营管理资料、调研报告、专项信息、内部刊物、办公网络等渠道，获取内部信息。

企业可以通过行业协会组织、社会中介机构、业务往来单位、市场调查、来信来访、网络媒体以及有关监管部门等渠道，获取外部信息。

第四十条 企业应当将内部控制相关信息在企业内部各管理级次、责任单位、业务环节之间，以及企业与外部投资者、债权人、客户、供应商、中介机构和监管部门等有关方面之间进行沟通和反馈。信息沟通过程中发现的问题，应当及时报告并加以解决。

重要信息应当及时传递给董事会、监事会和经理层。

第四十一条 企业应当利用信息技术促进信息的集成与共享，充分发挥信息技术在信息与沟通中的作用。

企业应当加强对信息系统开发和维护、访问与变更、数据输入与输出、文件储存与保管、网络安全等方面的控制，保证信息系统安全稳定运行。

第四十二条 企业应当建立反舞弊机制，坚持惩防并举，重在预防的原则，明确反舞弊工作的重点领域、关键环节和有关机构在反舞弊工作中的职责权限，规范舞弊案件的举报、调查、处理、报告和补救程序。

企业至少应当将下列情形作为反舞弊工作的重点：

（一）未经授权或者采取其他不法方式侵占、挪用企业资产、牟取不当利益。

（二）在财务会计报告和信息披露等方面存在的虚假记载、误导性陈述或者重大遗漏等。

（三）董事、监事、经理及其他高级管理人员滥用职权。

（四）相关机构或人员串通舞弊。

第四十三条　企业应当建立举报投诉制度和举报人保护制度，设置举报专线，明确举报投诉处理程序、办理时限和办理要求，确保举报、投诉成为企业有效掌握信息的重要途径。举报投诉制度和举报人保护制度应当及时传达至全体员工。

第六章　内部监督

第四十四条　企业应当根据本规范及其配套方法，制定内部控制监督制度，明确内部审计机构（或经授权的其他监督机构）和其他内部机构在内部监督中的职责权限，规范内部监督的程序、方法和要求。

内部监督分为日常监督和专项监督，日常监督是指企业对建立与实施内部控制的情况进行常规、持续的监督检查；专项监督是指在企业发展战略、组织结构、经营活动、业务流程、关键岗位员工等发生较大调整或变化的情况下，对内部控制的某一或者某些方面进行有针对性的监督检查。

专项监督的范围和频率应当根据风险评估结果以及日常监督的有效性等予以确定。

第四十五条　企业应当制定内部控制缺陷认定标准，对监督过程中发现的内部控制缺陷，应当分析缺陷的性质和产生的原因，提出整改方案，采取适当的形式及时向董事会、监事会或者经理层报告。

内部控制缺陷包括设计缺陷和运行缺陷。企业应当跟踪内部控制缺陷整改情况，并就内部监督中发现的重大缺陷，追究相关责任单位或者责任人的责任。

第四十六条　企业应结合内部监督情况，定期对内部控制的有效性进行自我评价,出具内部控制自我评价报告。

内部控制自我评价的方式、范围、程序和频率,由企业根据经营业务调整、经营环境变化、业务发展状况、实际风险水平等自行确定。

国家有关法律法规另有规定的,从其规定。

第四十七条 企业应当以书面或者其他适当形式,妥善保存内部控制建立与实施过程中的相关记录或者资料,确保内部控制建立与实施过程的可验证性。

第七章 附 则

第四十八条 本规范由财政部会同国务院其他有关部门解释。

第四十九条 本规范的配套办法由财政部会同国务院其他有关部门另行制定。

第五十条 本规范自 2009 年 7 月 1 日起实施。